U0112051

大展好書　好書大展
品嘗好書　冠群可期

運動遊戲：14

小學生校園足球遊戲

南尚傑　徐兵　王英梅
主編

大展出版社有限公司

編委會

主　編：南尚傑（東北師範大學體育學院）
　　　　徐　兵（瀋陽市皇姑區教師學校）
　　　　王英梅（瀋陽市皇姑區教師學校）

副主編：張　川（瀋陽三台子 1 小）
　　　　柴　華（瀋陽航空實驗小學）
　　　　柴　華（瀋陽 120 中）

編　者：王志博（瀋陽 122 中附小）
　　　　駱全友（瀋陽 43 中）
　　　　孫家森（瀋陽光明中學）
　　　　趙　欣（瀋陽 43 中）
　　　　賈宏濤（瀋陽 40 中）
　　　　孟　芳（瀋陽 21 中）
　　　　孫詣超（瀋陽 44 中）
　　　　謝曉端（瀋陽 43 中）

 前言

　　本人曾於 2000 年至 2010 年期間在日本留學，並先後在日本體育大學獲得了碩士學位和博士學位。在日留學期間，深深感受到中日兩國的「體育」存在諸多不同之處，如日本普通民眾對體育的認識已基本與西方國家接軌，普遍認為「體育就是遊戲、就是玩」，而這一觀念在我國還未能獲得廣泛普及。

　　作為一項體育運動項目，足球運動發展到今日，之所以能有如此眾多的愛好者喜歡足球運動、關注足球運動，一個重要的原因就是「足球運動本身就是非常有趣的遊戲」。因此，在普及和推廣足球運動的過程中，每一名足球工作者都應重視發揮足球運動的遊戲性特徵，這樣可以使參與者能更好地體驗到足球運動的樂趣，從而有利於培育出更多的足球愛好者。

　　近年，由於獲得了政府的高度重視，校園足球迎來了千載難逢的發展機遇。為了更好地開展校園足球，讓更多的兒童少年成為足球愛好者，積極開展足球遊戲活動無疑是一項重要舉措。而且，從教育的角度看，為了更好地促進兒童少年的成長，在開展校園足球的過程中也應積極開展足球遊戲活動。因為，體育遊戲是人類成長和教育過程中的重要組成部分，是兒童少年認識世界、感悟世界的

重要途徑。

　　基於上述考量，本人有了編寫小學生足球遊戲書籍的想法，並得到了瀋陽市皇姑區教育局徐兵老師和王英梅老師及張川（皇姑區三台子第一小學）、柴華（皇姑區一百二十中學）、柴華（皇姑區航空實驗小學）、賈宏濤（皇姑區四十中學）、孫家森（皇姑區光明中學）、王志博（皇姑區一百二十二中附屬小學）、孟芳（皇姑區二十一中學）、謝曉端（皇姑區四十三中學）、孫詣超（皇姑區四十四中學）、駱全友（皇姑區四十三中學）、趙欣（皇姑區四十三中學）等一線體育教師的大力支持。另外，在拍攝本書影片內容的過程中還得到了瀋陽市皇姑區的珠江街第五小學溪湖校區、三台子第一小學、航空實驗小學、寧山路小學、塔灣小學、崑山路第二小學、明廉路小學的大力幫助。正是由於獲得了以上老師和學校的鼎力支持，本書才得以順利完成，在此一併致以謝意。

　　鑒於水準有限，本書的內容中難免會有疏漏和不妥之處，敬請廣大讀者和體育教學工作者不吝賜教。

南尚傑

 目 錄

第一部分

適合國小1～2年級學生的足球遊戲

第二部分
適合國小3～4年級學生的足球遊戲

第三部分
適合國小5～6年級學生的足球遊戲

第一部分

適合小學
1～2 年級學生的
足球遊戲

一

培養學生
身體素質的遊戲

遊戲 1　全程用腳

遊戲目標

（1）身體素質、技能目標：培養學生的跑動能力和靈活使用左右腳的能力。

（2）認知、情感、態度目標：體驗參加團隊遊戲活動的樂趣；強化學生區分左右腳的知覺能力；培養學生的集體主義榮譽感，以及遵守規則的習慣和競爭意識。

遊戲準備

（1）在場地上用若干標誌碟規劃出 2 條長 3 米（公尺）、間隔距離 15 米的平行線，然後分別設定這 2 條直線為出發線和折返線。

（2）在 2 條線之間的正中間位置用 4 個圓錐形標誌桶規劃出 1 個邊長為 2 米和 5 米的長方形。

（3）教師講解遊戲規則並做示範，激發學生參與遊戲的慾望和積極性。

遊戲方法

（1）將 12 名學生平均分成 2 組，然後安排各組學生在出發線後面對折返線分別排成一路縱隊，要求各組分別正對 1 組擺放成豎排的 2 個圓錐形標誌桶。

（2）教師鳴哨示意遊戲開始後，各組學生按照順序逐一出發向折返線處跑動，然後再從折返線處原路返回至出發線。

（3）遊戲過程中，要求學生在到達折返線前要依次將本組正對的 2 個圓錐形標誌桶用「右腳」碰倒，而後在從折返線處返回過途中要依次將此前碰倒的圓錐形標誌桶用「左腳」扶起，最後在返回至出發線附近時與本組後面的學生擊掌並到隊尾處站好等待。

（4）待全體學生完成遊戲內容後，教師再次鳴哨示意遊戲結束。

（5）最後，依據各組完成遊戲內容的先後順序及學生的個人表現，教師對表現優異的組別和個人給予一定的鼓勵。

遊戲規則

（1）遊戲過程中，除各組的排頭學生外，其他學生必須站在出發線後面與前面返回的本組學生擊掌後方可出發，否則教師要予以制止並給予警告。

（2）必須一隻腳越過折返線後方可返回，否則教師要予以制止並給予警告。

（3）在向折返線處跑動途中必須用「右腳」碰倒本組正對的 2 個圓錐形標誌桶，而後在從折返線處返回途中則必須用「左腳」扶起此前碰倒的圓錐形標誌桶，否則教師要予以制止並給予警告。

建　議

（1）教師可根據實際情況增加各組的學生人數，但每組的學生人數應控制在 8 人以內，否則遊戲過程中學生的等待時間會過長。

（2）待學生熟悉遊戲規則後，教師可將學生的跑動方式調整為倒退跑、側身跑等，以此增加遊戲的難度。

遊戲點評

身體素質、技能目標						認知、情感、態度目標				
力量	耐力	柔韌性	敏捷性	平衡性	靈巧性	技術動作	愉快感	責任感	團結協作	自信心	努力程度
3	2	2	4	4	4	3	4	3	4	4

（王志博）

遊戲 2　繞樁跑

遊戲目標

（1）身體素質、技能目標：鍛鍊學生快速移動的能力；提高腳步靈活性和身體協調性；培養方向感。

（2）認知、情感、態度目標：體驗各種跑動方式的樂趣；領會各種跑動方式的腳步技巧；培養集體主義榮譽感，以及遵守規則的習慣和競爭意識。

遊戲準備

（1）在場地上用若干標誌碟規劃出 2 條長 3 米、間隔距離 15 米的平行線，並分別設定為出發線和折返線。

（2）在 2 條線之間的正中間位置用 4 個圓錐形標誌桶規劃出 1 個邊長為 2 米和 5 米的長方形。

（3）教師講解遊戲規則並做示範，激發學生參與遊戲的慾望和積極性。

遊戲方法

（1）將 10 名學生平均分成 2 組，然後安排各組學生在出發線後面面對折返線分別排成一路縱隊，要求各組要分別正對 1 組擺放成豎排的 2 個圓錐形標誌桶。

（2）教師鳴哨示意遊戲開始後，各組學生要按照順序逐一出發，每名學生要先以「倒退跑」的方式向折返線處移動，然後再從折返線處以「衝刺跑」的方式原路返回

至出發線處。

（3）遊戲過程中，所有學生在「倒退跑」和「衝刺跑」途中要分別依次繞本組正對的 2 個圓錐形標誌桶各一周，最後在返回至出發線附近時要與本組後面的學生擊掌並到本組排尾處站好等待。

（4）待全體學生都完成了遊戲內容後，教師再次鳴哨示意遊戲結束。

（5）最後，依據各組完成遊戲內容的先後順序及學生的個人表現，教師對表現優異的組別和個人給予一定的鼓勵。

衝刺跑

倒退跑

遊戲規則

（1）遊戲過程中，必須先以「倒退跑」的方式向折返線處移動，然以「後衝刺跑」的方式從折返線處原路返回，否則教師要予以制止並給予警告。

（2）往返跑途中必須要分別依次繞本組正對的 2 個圓錐形標誌桶各 1 周，不得出現「漏桶」現象，否則教師要予以制止並給予警告。

（3）除各組的排頭學生外，其他學生必須站在出發線後面與前面返回的本組學生擊掌後方可出發，否則教師要予以制止並給予警告。

建　議

（1）在遊戲開始前，教師應組織學生進行倒退跑的練習，以此保障學生能較好地參與到遊戲中並避免安全事故的發生。

（2）待學生熟悉遊戲規則後，教師可將學生移動過

程中的「繞桶一周」調整為「前後跳桶」或「左右跳桶」，以此增加遊戲的難度。

遊戲點評

身體素質、技能目標							認知、情感、態度目標				
力量	耐力	柔韌性	敏捷性	平衡性	靈巧性	技術動作	愉快感	責任感	團結協作	自信心	努力程度
3	3	3	4	4	4	3	3	3	4	4	4

（王志博）

遊戲 3　多點移動

遊戲目標

（1）身體素質、技能目標：鍛鍊學生快速移動的能力；提高腳步靈活性和身體協調性；培養方向感。

（2）認知、情感、態度目標：體驗各種移動方式的樂趣；領會快速移動的腳步技巧；培養集體主義榮譽感，以及遵守規則的習慣和競爭意識。

遊戲準備

（1）在場地上分別用 4 個標誌碟規劃出 2 個平行且間隔距離為 1 米的菱形，要求這 2 個菱形對角線的長度為 8 米，然後在各菱形的正中間位置再分別擺放 1 個標誌碟。

（2）分別為各菱形的標誌碟編上序號。

（3）教師講解遊戲規則並做示範，激發學生參與遊戲的慾望和積極性。

遊戲方法

（1）將 10 名學生平均分成 2 組，然後安排各組學生面對場地上的菱形分別站在序號為 1 的標誌碟後面排成一路縱隊。

（2）教師鳴哨示意遊戲開始後，各組學生按照順序逐一出發並按照規定的路線在本組正對的菱形場地內進行多點跑動，具體的跑動路線為：1→2→3→2→4→2→5→2→1。

（3）遊戲過程中，學生必須按照規定的路線進行跑動，然後在返回至序號為 1 的標誌碟附近時要與本組後面的學生擊掌並在擊掌後到本組排尾處站好等待。

（4）待全體學生都完成了遊戲內容後，教師再次鳴哨示意遊戲結束。

（5）最後，依據各組完成遊戲內容的先後順序及學生的個人表現，教師對表現優異的組別和個人給予一定的鼓勵。

遊戲規則

（1）遊戲過程中，必須按照規定的路線進行跑動，否則教師要予以制止並給予警告。

（2）除各組的排頭學生外，其他學生必須站在序號

為 1 的標誌碟後面與前面返回的本組學生擊掌後方可出發，否則教師要予以制止並給予警告。

建 議

（1）遊戲開始前，教師應組織學生進行演練，使學生熟悉具體的跑動路線。

（2）教師可根據實際情況增加各組的學生人數，但每組的學生人數應控制在 8 人以內，否則遊戲過程中學生的等待時間會過長。

遊戲點評

身體素質、技能目標						認知、情感、態度目標				
力量	耐力	柔韌性	敏捷性	平衡性	靈巧性	技術動作	愉快感	責任感	團結協作	自信心	努力程度
3	3	3	5	4	4	4	4	4	3	4	4

（王志博）

遊戲 4 穿越封鎖線

遊戲目標

（1）身體素質、技能目標：培養學生快速變向跑的能力；鍛鍊靈敏性。

（2）認知、情感、態度目標：感受擺脫堵截的喜悅；培養快速判斷的能力和敢於挑戰的勇氣；增進師生情誼。

遊戲準備

（1）在場地上用若干標誌碟規劃出 1 個邊長為 5 米和 10 米的長方形場地，然後將長度較短的 2 條邊線分別設定為出發線與終點線。

（2）教師講解遊戲規則並做示範，激發學生參與遊戲的慾望和積極性。

遊戲方法

（1）安排 12 名學生面對終點線在出發線後面排成 4 列橫隊。

（2）教師鳴哨示意遊戲開始後，教師要站在場地正中間位置承擔遊戲過程中的「抓捕」任務，而學生要按照橫隊的順序依次出發，力爭以最快的速度避開教師的「抓捕」跑至終點線處。

（3）遊戲過程中，若有學生被教師「抓捕」住，則

該學生要原地站在場地內直至遊戲結束，而跑至終點線的學生則要按照組別在終點線後面排隊站好。

（4）待全體學生都完成了遊戲內容後，教師再次鳴哨遊戲結束。

（5）最後，依據學生個人表現，教師對表現優異的學生給予一定的鼓勵。

遊戲規則

（1）遊戲過程中，不得為躲避教師的「抓捕」而跑至場地外側，否則教師要予以制止並給予警告。

（2）若被教師拽住衣服，則意味該學生被教師「抓捕」。

（3）被「抓捕」的學生要原地站在場地內不得移動，否則教師要予以制止並給予警告。

建　議

（1）遊戲過程中，教師應注意「抓捕」學生的動

作，確保學生不受到傷害。

（2）遊戲過程中，教師的「抓捕」應多採取「堵截」的方式，以此引導學生積極跑動。

遊戲點評

身體素質、技能目標							認知、情感、態度目標				
力量	耐力	柔韌性	敏捷性	平衡性	靈巧性	技術動作	愉快感	責任感	團結協作	自信心	努力程度
3	4	3	4	4	4	2	5	4	3	4	5

（王志博）

遊戲 5　來回搬運

遊戲目標

（1）身體素質、技能目標：提高學生的跑動能力；增強學生的腿部力量。

（2）認知、情感、態度目標：體驗參加團隊遊戲的樂趣；培養集體主義榮譽感，以及遵守規則的習慣和競爭意識。

遊戲準備

（1）在場地上用若干標誌碟規劃出 2 條長為 3 米、間隔距離為 15 米的平行線，然後將這 2 條直線分別設定為出發線和折返線。

（2）在折返線上擺放 6 個足球，要求每 3 個足球為
1 組，每組足球的間隔距離為 1.5 米。

（3）教師講解遊戲規則並做示範，激發學生參與遊
戲的慾望和積極性。

遊戲方法

（1）將 10 名學生平均分成 2 組，然後安排各組分
別對應 1 組足球站在出發線後面排成一路縱隊。

（2）教師鳴哨示意遊戲開始後，各組學生要逐一出
發依次完成「搬運」本組對應的 3 個足球的任務。

（3）遊戲過程中，各組序位為奇數的學生要將 3 個
足球從折返線處「搬運」回出發線處，而序位為偶數的學
生「搬運」足球的方向則正好相反。

（4）待全體學生都完成了「搬運」任務後，教師再
次鳴哨示意遊戲結束。

折返線

（5）最後，依據各組完成遊戲內容的先後順序及學生的個人表現，教師對表現優異的組別和學生給予一定的鼓勵。

遊戲規則

（1）「搬運」足球的方式必須為手抱球且每次必須要「搬運」3 個足球，否則教師要予以制止並給予警告。

（2）每次「搬運」回的足球必須擺放在出發線處或折返線處，否則教師要予以制止並給予警告。

建　議

（1）遊戲開始前，教師應組織學生進行演練，幫助學生領會用手同時抱 3 個足球的技巧，以此幫助學生能更好地參與到遊戲中。

（2）待學生熟悉遊戲規則後，教師可將學生「搬運」足球的方式改為用手抱 2 個足球的同時再用腳運 1 個足球，以此增加遊戲的難度。

遊戲點評

身體素質、技能目標							認知、情感、態度目標				
力量	耐力	柔韌性	敏捷性	平衡性	靈巧性	技術動作	愉快感	責任感	團結協作	自信心	努力程度
3	3	3	4	4	4	3	4	4	3	3	4

（王志博）

二

培養學生
足球技能的遊戲

遊戲 1　碰倒扶起標誌桶

遊戲目標

（1）身體素質、技能目標：培養學生的球感；提高手腳配合的能力。

（2）認知、情感、態度目標：體驗控球移動的樂趣；幫助學生建立用腳控制足球的習慣；培養其遵守規則的習慣和競爭意識。

遊戲準備

（1）在場地上用若干標誌碟規劃出 2 條長 3 米（公尺）、間隔距離 15 米的平行線，然後將這 2 條直線分別設定為出發線和折返線。

（2）在 2 條線之間的正中間位置用 4 個圓錐形標誌桶規劃出 1 個邊長為 2 米和 5 米的長方形。

（3）足球 2 個。

（4）教師講解遊戲規則並做示範，激發學生參與遊戲的慾望和積極性。

遊戲方法

（1）將 12 名學生平均分成 2 組，然後安排各組學生面對折返線在出發線後面分別排成一路縱隊，要求各組分別對應 1 組擺放成豎排的 2 個圓錐形標誌桶且各組排頭學生要分別持 1 個足球。

（2）教師鳴哨示意遊戲開始後，各組排頭學生運球出發向折返線處移動，移動途中要腳踩著球「用手」將本組正對的 2 個圓錐形標誌桶依次碰倒，到達折返線處後原路運球返回，返回途中也要腳踩著球「用手」將此前自己碰倒的 2 個圓錐形標誌桶依次扶起，返回至出發線後將球傳給本組的下一名學生並到本組的排尾處站好等待，此後各組後面的學生按照順序逐一運球出發重複上述遊戲內容。

（3）待全體學生都完成了遊戲內容後，教師再次鳴哨示意遊戲結束。

（4）最後，依據各組完成遊戲內容的先後順序及學生的個人表現，教師對表現優異的組別和學生給予一定的鼓勵。

遊戲規則

（1）遊戲過程中，不得有意用手觸球，否則教師要

予以制止並給予警告。

（2）必須先碰倒本組正對的 2 個圓錐形標誌桶，然後在原路返回途中再扶起此前自己碰倒的 2 個圓錐形標誌桶，否則教師要予以制止並給予警告。

（3）必須在腳踩住球的情況下方可用手碰倒或扶起圓錐形標誌桶，否則教師要予以制止並給予警告。

（4）球越過了折返線後，運球學生方可從折返線處返回，否則教師要予以制止並給予警告。

（5）必須人和球都返回至出發線處後，方可將球傳給本組後面的學生，否則教師要予以制止並給予警告。

建　議

（1）遊戲過程中，教師應要求學生在觸碰圓錐形標誌桶時不要過分用力，碰倒即可。

（2）待學生熟悉遊戲規則後，教師可將學生的運球移動方式調整為雙腳交替踩球移動、雙腳磕球移動、側身拉球移動等，以此增強遊戲的難度。

遊戲點評

身體素質、技能目標							認知、情感、態度目標				
力量	耐力	柔韌性	敏捷性	平衡性	靈巧性	技術動作	愉快感	責任感	團結協作	自信心	努力程度
3	4	3	4	4	4	4	3	4	3	4	4

（航空實驗小學：柴華）

遊戲 2 手腳並用

遊戲目標

（1）身體素質、技能目標：培養學生用腳控制足球，以及手腳配合的能力；提高跑動能力。

（2）認知、情感、態度目標：體驗控球移動的樂趣；幫助學生建立用腳控制足球的習慣；培養團結協作精神和遵守規則的習慣。

遊戲準備

（1）在場地上用若干標誌碟規劃出 2 個半徑為 2 米的圓圈，要求 2 個圓圈的間隔距離為 15 米。

（2）在 2 個圓圈內各分散擺放 10 個圓錐形標誌桶。

（3）足球 10 個。

（4）教師講解遊戲規則並做示範，激發學生參與遊戲的慾望和積極性。

遊戲方法

（1）將 10 名學生平均分成 2 組，然後安排 2 組學生分別進入 2 個圓圈內，要求 2 組學生面對面站立且每人持 1 球。

（2）教師鳴哨示意遊戲開始後，2 組學生運球出發向對方的圓圈處移動，進入對方的圓圈後要踩著球「用

手」將擺放在該圓圈內的所有圓錐形標誌桶碰倒，然後運球返回至本方圓圈內並要踩著球「用手」將此前被對方碰倒的圓錐形標誌桶全部扶起。

（3）待上述遊戲內容完成後，教師再次鳴哨示意遊戲結束。

（4）最後，依據各組完成遊戲內容的先後順序及學生的個人表現，教師對表現優異的組別和學生進行一定的鼓勵。

遊戲規則

（1）遊戲過程中，不得有意用手觸球且不得有意觸碰他人的腳下控球，否則教師要予以制止並給予警告。

（2）必須在腳踩著球的情況下方可「用手」觸碰圓錐形標誌桶，否則教師要予以制止並給予警告。

（3）各組學生必須全部進入對方圓圈內並將擺放在該圓圈內的所有圓錐形標誌桶碰倒後方可運球離開，否則教師要予以制止並給予警告。

（4）各組學生必須全部返回至本方圓圈內並將此前被對方碰倒的圓錐形標誌桶全部扶起後，才算最終完成遊戲內容。

建　議

（1）遊戲過程中，教師應注意維持遊戲秩序，以此避免安全事故的發生。

（2）待學生熟悉遊戲規則後，教師可將學生觸碰圓

半徑2米   15米   半徑2米

錐形標誌桶的方式由「用手」改為「用腳」或調整學生運球移動的方式，以此增加遊戲難度。

遊戲點評

身體素質、技能目標							認知、情感、態度目標				
力量	耐力	柔韌性	敏捷性	平衡性	靈巧性	技術動作	愉快感	責任感	團結協作	自信心	努力程度
3	4	3	4	4	4	4	4	4	4	4	5

（120 中：柴華）

遊戲 3 穿洞得分

遊戲目標

（1）身體素質、技能目標：培養學生用腳控制球的能力；提高踝關節的靈活度；鍛鍊快速移動的能力。

（2）認知、情感、態度目標：體驗用腳控制球的樂趣；幫助學生建立用腳控制足球的習慣；領會踝關節放鬆是控制住球的重要環節；增強學生的競爭意識。

遊戲準備

（1）在場地上用若干標準碟規劃出 1 個邊長 2.5 米和 14 米的長方形場地。

（2）足球 6 個。

（3）教師講解遊戲規則並做示範，激發學生參與遊

戲的慾望和積極性。

遊戲方法

（1）將 12 名學生平均分成 6 組，先安排各組的 1 名學生在場地正中間位置以 2 米為間隔距離排成 1 列橫隊，然後再安排各組的另外 1 名學生每人持 1 球站在本組學生的身後。

（2）教師鳴哨示意遊戲開始後，各組的無球學生要手扶雙膝、雙腳盡量平行分開、身體保持蹲立姿勢，而持球學生則要用腳觸球力爭以最快的速度反覆使球從本組學生的胯下穿過以此獲得分數——每穿過 1 次持球學生就獲得 1 分。

（3）遊戲過程中，若控球學生將球碰出場地，則每次要從該控球學生的得分中扣 1 分。

（4）遊戲進行 3 分鐘後，教師鳴哨示意各組的 2 名學生互換位置和遊戲角色並繼續重複上述遊戲內容直至遊戲結束。

（5）最後，依據學生的得分，教師對表現優異的學生給予一定的鼓勵。

遊戲規則

（1）遊戲過程中，不得有意用手觸球，否則教師要予以制止並給予警告。

（2）無球學生要原地保持蹲立姿勢，不得移動且不得有意觸球，否則教師要予以制止並給予警告。

建　議

（1）遊戲過程中，教師應提醒學生腳觸球時腳腕要充分放鬆並控制好腳觸球的力量，以此幫助學生更好地完成遊戲內容。

（2）待學生熟悉遊戲規則後，教師可適當縮小場地範圍或要求控球學生只能使用左腳觸球，以此增加遊戲的難度。

遊戲點評

身體素質、技能目標						認知、情感、態度目標				
力量	耐力	柔韌性	敏捷性	平衡性	靈巧性	技術動作	愉快感	責任感	團結協作	自信心	努力程度
3	4	3	4	4	4	4	4	4	3	4	5

（南尚傑）

遊戲 4 三角形運控球移動

遊戲目標

（1）身體素質、技能目標：培養學生控球移動的能力；鍛鍊踝關節的靈活度；提高跑動能力。

（2）認知、情感、態度目標：體驗運控球移動的樂趣；領會運控球技術的基本技巧；培養集體榮譽感和競爭意識。

遊戲準備

（1）在場地上用 4 個圓錐形標誌桶規劃出 1 個邊長為 5 米的正方形場地，然後為各個圓錐形標誌桶編上序號。

（2）足球 2 個。

（3）教師講解遊戲規則並做示範，激發學生參與遊戲的慾望和積極性。

遊戲方法

（1）將 10 名學生平均分成 2 組，然後安排各組學生面對正方形場地分別站在 A 點和 B 點後面排成一路縱隊，並要求各組排頭學生持球。

（2）教師鳴哨示意遊戲開始後，各組排頭學生運球出發，按照規定的三角形路線進行運控球移動，返回至出發點後將球傳給本組的下一名學生並到本組的排尾處站好，此後各組後面的學生按照順序依次完成上述遊戲內容。

（3）遊戲過程中，站在 A 點和 B 點後面的各組學生運控球移動路線分別為 A-C-D-A、B-D-C-B。

（4）待全體學生都完成遊戲內容後，教師再次鳴哨示意遊戲結束。

（5）最後，依據各組完成遊戲內容的先後順序及學生的個人表現，教師對表現優異的組別和學生給予一定的鼓勵。

遊戲規則

（1）遊戲過程中，不得有意用手觸球，否則教師要予以制止並給予警告。

（2）運控球移動必須按照規定的路線依次從各圓錐形標誌桶的外側通過，否則教師要予以制止並給予警告。

（3）不得有意觸碰其他組別的足球，否則教師要予以制止並給予警告。

（4）必須在人和球都返回至出發點後，方可將球傳給本組的下一名學生，否則教師要予以制止並給予警告。

建　議

（1）遊戲過程中，教師應用語言提示學生要敢於觸球、多觸球，以此提高學生對足球的感知能力。

（2）該遊戲適用於磕球、拉球、踩球、腳背正面運球、腳內側運球、腳背正面運球、腳背內側運球等多項運控球技術的練習。

遊戲點評

身體素質、技能目標							認知、情感、態度目標				
力量	耐力	柔韌性	敏捷性	平衡性	靈巧性	技術動作	愉快感	責任感	團結協作	自信心	努力程度
3	3	3	4	4	4	5	4	4	4	4	5

（南尚傑）

遊戲 5　足球保齡

遊戲目標

（1）身體素質、技能目標：培養學生踢、接地滾球的能力；增強腿部力量。

（2）認知、情感、態度目標：體驗踢球擊中目標的樂趣；領會踢、接地滾球的基本技術動作要領；培養團隊配合的意識，以及遵守規則的習慣和競爭意識。

遊戲準備

（1）在場地上用若干標誌桶規劃出 1 條長 5 米的直線。

（2）在距直線 7 米處，分別用 10 個圓錐形標誌桶擺放出 2 個間隔距離為 2 米、邊長為 1 米的等邊三角形。

（3）足球 4 個。

（4）教師講解遊戲規則並做示範，激發學生參與遊戲的慾望和積極性。

遊戲方法

（1）將 8 名學生平均分成 2 組，然後安排各組學生分別對應一組圓錐形標誌桶站好，要求各組的 2 名學生每人持 1 個足球站在直線後面，而另外 2 名學生則要站在對應的圓錐形標誌桶後面。

（2）教師鳴哨示意遊戲開始後，各組站在直線後面的持球學生開始反覆踢球，力爭以最快的速度用球擊倒本組正對的 10 個圓錐形標誌桶，而站在圓錐形標誌桶後面的學生則要在不使用手的情況下反覆將本組學生踢出的球停住並回傳給站在直線後面的同伴。

（3）遊戲過程中，站在圓錐形標誌桶後面的學生只是負責撿球不能承擔擊倒本組圓錐形標誌桶的任務。

（4）待場地上的圓錐形標誌桶全部被擊倒後，教師再次鳴哨示意遊戲結束。

（5）最後，依據各組完成遊戲內容的先後順序及學生的個人表現，教師對表現優異的組別和學生給予一定的鼓勵。

遊戲規則

（1）遊戲過程中，不得有意用手觸球，否則教師要
予以制止並給予警告。

（2）站在直線後面的學生必須將球調整至直線後側方可將球踢出，否則教師要予以制止並給予警告。

（3）若站在圓錐形標誌桶後面的學生踢出的球擊倒了本組的圓錐形標誌桶，則該情況屬於「無效擊倒」，教師要指示學生將此次擊倒的圓錐形標誌桶扶起。

（4）無論是站在直線後面的學生，還是站在圓錐形標誌桶後面的學生，若踢出的球擊倒了其他組別的圓錐形標誌桶，該情況屬於「贊助」。

（5）各組站在直線後面和標誌桶後面的學生可以互換位置及遊戲角色。

建　議

（1）遊戲過程中，若出現高球的情況教師應及時提醒學生注意安全，並要求踢球學生控制好出球方向。

（2）待學生熟悉遊戲規則後，教師可適當增加各組圓錐形標誌桶之間的間隔距離或要求學生只能用左腳踢球，以此增加遊戲的難度。

遊戲點評

身體素質、技能目標							認知、情感、態度目標				
力量	耐力	柔韌性	敏捷性	平衡性	靈巧性	技術動作	愉快感	責任感	團結協作	自信心	努力程度
3	3	3	4	3	4	5	5	5	5	4	5

（南尚傑）

遊戲 6 踢準得分

遊戲目標

（1）身體素質、技能目標：提高學生踢地滾球的準確性；鍛鍊停球的能力；發展腿部力量。

（2）認知、情感、態度目標：體驗踢球獲得分數的樂趣；加深學生對踢球和接球技術動作要領的理解；培養積極拚搏的精神和遵守規則的習慣和競爭意識。

遊戲準備

（1）在場地上用若干標準碟規劃出 1 條長 5 米的直線。

（2）在距直線 7 米處將 3 個跨欄架擺放成類似於「品」字型的形態，要求各跨欄架要前後左右依次錯開 0.5 米，然後按照距直線距離分別為各個跨欄架編上序號。

（3）足球 3 個。

（4）教師講解遊戲規則並做示範，激發學生參與遊戲的慾望和積極性。

遊戲方法

（1）將 6 名學生平均分成 3 組，然後安排各組學生面對跨欄架站好，要求各組的 1 名學生要持球站在直線後面，而另外 1 名學生則要站在跨欄架後面。

（2）教師鳴哨示意遊戲開始後，各組站在直線後面的持球學生開始反覆踢球，力爭每次踢出的球都能穿過跨欄架從而獲得分數——球穿過的跨欄架的序號即為此次踢球獲得的分數，而站在跨欄架後面的學生則要在不使用手的情況下反覆將本組學生踢出的球停住並回傳給站在直線後面的同伴。

（3）待遊戲進行 3 分鐘後，教師再次鳴哨示意遊戲結束。

（4）最後，依據各組的得分及學生的個人表現，教師對表現優異的組別和學生給予一定的鼓勵。

遊戲規則

（1）遊戲過程中，不得有意用手觸球且不得有意觸碰其他組別的足球，否則教師要予以制止並給予警告。

（2）站在直線後面的學生必須將球調整至直線後側方可將球踢出，否則教師要予以制止並給予警告。

（3）只有站在直線後面學生踢出的球穿過了跨欄架，該學生所在組才能獲得分數。

（4）各組站在直線後面和跨欄架後面的學生可以互

換位置及遊戲角色。

建　議

（1）遊戲過程中，教師可播放音樂，以此調動學生參與遊戲的積極性。

（2）待學生熟悉遊戲規則後，教師可適當增加跨欄架與直線的距離或要求學生只能用左腳踢球，以此增加遊戲的難度。

遊戲點評

身體素質、技能目標						認知、情感、態度目標				
力量	耐力	柔韌性	敏捷性	平衡性	靈巧性	技術動作	愉快感	責任感	團結協作	自信心	努力程度
3	4	3	4	3	4	4	5	5	5	4	5

（南尚傑）

遊戲 7　球擊方塊

遊戲目標

（1）身體素質、技能目標：提高學生踢地滾球的準確性；培養靈活使用腳的能力；發展腿部力量。

（2）認知、情感、態度目標：體驗踢球擊中目標的樂趣；加深對踢球技術動作要領的理解；培養團隊協作和遵守規則的意識。

遊戲準備

（1）在場地上用若干標準碟規劃出 1 條長 3 米的直線。

（2）在距直線 3 米處以 1 米為間隔距離平行擺放 2 個「方塊」——可用紙箱代替。

（3）足球 4 個。

（4）教師講解遊戲規則並做示範，激發學生參與遊戲的慾望和積極性。

遊戲方法

（1）將 8 名學生平均分成 2 組，然後安排各組學生分別對應 1 個「方塊」站好，要求各組的 2 名學生每人持 1 個足球站在直線後面，而另外 2 名學生則站在「方塊」後面。

（2）教師鳴哨示意遊戲開始後，各組站在直線後面的持球學生開始反覆踢球，力爭每次踢出的球都能擊中本組正對的「方塊」使其向前移動，而站在「方塊」後面的學生則要在不使用手的情況下力爭以最快的速度反覆將本組學生踢出的球回傳給站在直線後面的同伴。

（3）待遊戲進行 3 分鐘後，教師再次鳴哨示意遊戲結束。

（4）最後，依據各組「方塊」向前移動的距離及學生個人表現，教師對表現優異的組別和學生給予一定的鼓勵。

遊戲規則

（1）遊戲過程中，學生不得直接觸碰「方塊」且不得有意用手觸球，否則教師要予以制止並給予警告。

（2）只能觸碰本組的球，不得有意觸碰其他組別的球，否則教師要予以制止並給予警告。

（3）站在直線後面的學生，必須將球調整至直線後面方可將球踢出，否則教師要予以制止並給予警告。

（4）各組站在直線和「方塊」後面的學生，可以互換位置和遊戲角色。

建 議

（1）遊戲過程中，教師應提示學生在踢球時要保持好腳型及掌握好腳觸球的部位，以此幫助學生提高擊中目標的準確性。

（2）遊戲過程中，若出現高球的情況教師應及時提醒學生注意安全，並要求踢球學生控制好出球方向。

遊戲點評

身體素質、技能目標							認知、情感、態度目標				
力量	耐力	柔韌性	敏捷性	平衡性	靈巧性	技術動作	愉快感	責任感	團結協作	自信心	努力程度
4	4	3	4	3	4	4	5	5	5	4	5

（南尚傑）

遊戲 8 對踢方塊

遊戲目標

（1）身體素質、技能目標：提高學生踢地滾球的準確性；培養跑動能力；發展腿部力量。

（2）認知、情感、態度目標：體驗踢球擊中目標的樂趣；加深對踢球技術動作要領的理解；培養遵守規則的習慣和競爭意識。

遊戲準備

（1）在場地上用若干標誌碟規劃出 2 條長 2 米、間隔距離 8 米的平行線。

（2）在 2 條平行線的正中間位置擺放 1 個「方塊」——可用紙箱代替。

（3）足球 2 個。

（4）教師講解遊戲規則並做示範，激發學生參與遊

戲的慾望和積極性。

遊戲方法

（1）將 4 名學生平均分成 2 組，然後安排 2 組學生面對「方塊」分別站在 2 條平行線的後面，要求各組學生要前後站立且排頭學生持 1 個足球。

（2）教師鳴哨示意遊戲開始後，2 組學生按照順序循環向「方塊」處踢球，力爭每次都能擊中「方塊」使其向對面方向移動，而且在每次踢完球後要迅速撿球並將球回傳給本組學生，然後到這名學生的身後站好等待下一次踢球。

（3）待遊戲進行 3 分鐘後，教師再次鳴哨示意遊戲結束。

（4）最後，依據「方塊」所處的位置及學生的個人表現，教師對將「方塊」踢向對方一側的組別和表現優異的學生給予一定的鼓勵。

遊戲規則

（1）遊戲過程中，學生不得直接觸碰「方塊」且不得有意用手觸球，否則教師要予以制止並給予警告。

（2）必須將球調整至直線後面方可向「方塊」處踢球，否則教師要予以制止並給予警告。

（3）只能觸碰本組的足球，不得有意觸碰其他組別的足球，否則教師要予以制止並給予警告。

（4）各組的 2 名學生必須依次交替向「方塊」處踢球，否則教師要予以制止並給予警告。

建　議

（1）遊戲過程中，場面會較為混亂，教師應注意維持秩序。

（2）待學生熟悉遊戲規則後，教師可增加 2 條直線之間的間隔距離或要求學生只能使用左腳踢球，以此增加遊戲的難度。

遊戲點評

身體素質、技能目標						認知、情感、態度目標				
力量	耐力	柔韌性	敏捷性	平衡性	靈巧性	技術動作	愉快感	責任感	團結協作	自信心	努力程度
4	5	4	4	4	4	5	4	4	5	4	5

（南尚傑）

遊戲 9 看誰腳法好

遊戲目標

（1）身體素質、技能目標：提高學生踢、接地滾球的能力；培養靈活使用腳的能力。

（2）認知、情感、態度目標：體驗踢球擊中目標的樂趣；加深對踢地滾球技術動作要領的理解；培養遵守規則的習慣和競爭意識。

遊戲準備

（1）在場地上以 1 米為間隔距離用 6 個標誌碟規劃出 1 條直線，然後在該直線另一側的 5 米處用 6 個圓錐形標誌桶也規劃出 1 條直線，要求每個圓錐形標誌桶對應 1 個標誌碟。

（2）足球 6 個。

（3）教師講解遊戲規則並做示範，激發學生參與遊戲的慾望和積極性。

遊戲方法

（1）將 12 名學生平均分成 6 組，先安排各組的 1 名學生每人持 1 個足球面對圓錐形標誌桶分別站在標誌碟後面，然後再安排各組的另外 1 名學生面對本組學生分別站在圓錐形標誌桶後面。

（2）教師鳴哨示意遊戲開始後，各組站在標誌碟後

面的學生開始反覆踢球，力爭每次都能擊倒正對的圓錐形標誌桶，而站在圓錐形標誌桶後面的學生則要在不使用手的情況下力爭以最快的速度反覆將本組學生踢出的足球回傳給同伴並將被擊倒的圓錐形標誌桶「用腳」扶起。

（3）待遊戲進行 3 分鐘後，教師再次鳴哨示意遊戲結束。

（4）最後，依據各組擊倒圓錐形標誌桶的次數及學生的個人表現，教師對表現優異的組別和學生給予一定的鼓勵。

遊戲規則

（1）遊戲過程中，不得有意用手觸球且不得有意觸碰其他組別的足球，否則教師要予以制止並給予警告。

（2）必須將球調整至標誌碟後側方可向圓錐形標誌桶處踢球，否則教師要予以制止並給予警告。

（3）必須「用腳」扶起被擊倒的圓錐形標誌桶，否則教師要予以制止並給予警告。

（4）若踢出的球擊倒了其他組別的圓錐形標誌桶，則此次擊倒要累計至對方的成績中。

（5）同組的 2 名學生可以互換位置及遊戲角色。

建　議

（1）遊戲過程中，教師應提示學生在踢球時要保持好腳型並控制好腳觸球的部位，以此幫助學生提高踢球的準確性。

（2）待學生熟悉遊戲規則後，教師可增加標誌碟與圓錐形標誌桶之間的距離或要求學生只能使用左腳觸碰球，以此增加遊戲的難度。

（3）若男女學生混合參加該遊戲，教師可在核算成

續時將女生擊倒圓錐形標誌桶的次數予以翻倍，以此調動女生參加遊戲的積極性。

遊戲點評

身體素質、技能目標							認知、情感、態度目標				
力量	耐力	柔韌性	敏捷性	平衡性	靈巧性	技術動作	愉快感	責任感	團結協作	自信心	努力程度
3	3	3	4	3	4	4	4	4	4	4	4

（孫詣超）

遊戲 10　圍圈踢桶

遊戲目標

（1）身體素質、技能目標：提高學生踢、接地滾球的能力；培養配合意識。

（2）認知、情感、態度目標：體驗踢球擊中目標的樂趣；加深對踢地滾球技術動作要領的理解；培養團隊合作和競爭意識，以及集體榮譽感。

遊戲準備

（1）在場地上用若干標誌碟規劃出 1 個半徑為 6 米的圓圈。

（2）在圓圈內分散擺放 10 個圓錐形標誌桶。

（3）足球 6 個。

（4）教師講解遊戲規則並做示範，激發學生參與遊戲的慾望和積極性。

遊戲方法

（1）將 12 名學生平均分成 2 組，先安排第 1 組學生每人持 1 球分散站在圓圈周圍，然後再安排第 2 組學生在距離圓圈稍遠的地方站好等待。

（2）教師鳴哨示意遊戲開始後，第 1 組學生開始向圓圈內踢球，每名學生在將球踢出後要儘快接住本組其他學生踢出的球並繼續向圓圈內側踢球，力爭以最快的速度將擺放在圓圈內側的所有圓錐形標誌桶擊倒。

（3）待第 1 組學生完成遊戲內容後，教師安排學生扶起所有的圓錐形標誌桶，然後組織第 2 組學生重複上述遊戲內容直至遊戲結束。

（4）最後，依據各組完成遊戲內容的快慢速度及學生的個人表現，教師對表現優異的組別和學生給予一定的鼓勵。

遊戲規則

（1）遊戲過程中，不得有意用手觸球，否則教師要予以制止並給予警告。

（2）可以進入圓圈內撿球，但必須將球調整至圓圈外側後方可向圓圈內踢球，否則教師要予以制止並給予警告。

建議

（1）遊戲過程中，教師應引導學生在踢球的同時要與其他學生對應站位並進行配合，以此幫助學生減少撿球的次數。

（2）待學生熟悉遊戲規則後，教師可適當增加遊戲難度，如增加圓圈的半徑、要求學生只能使用左腳踢球等。

遊戲點評

身體素質、技能目標							認知、情感、態度目標				
力量	耐力	柔韌性	敏捷性	平衡性	靈巧性	技術動作	愉快感	責任感	團結協作	自信心	努力程度
3	4	3	4	3	4	4	4	4	4	4	4

（張川）

遊戲 11　圍圈狩獵

遊戲目標

（1）身體素質、技能目標：提高學生踢地滾球的能力；發展反應能力和靈敏性。

（2）認知、情感、態度目標：體驗踢球擊中目標及跑動躲閃的樂趣；加深對踢地滾球技術動作要領的理解；培養遵守規則的習慣和競爭意識。

遊戲準備

（1）在場地上用若干標誌碟規劃出 1 個半徑為 4 米的圓圈。

（2）足球 1 個。

（3）教師講解遊戲規則並做示範，激發學生參與遊戲的慾望和積極性。

遊戲方法

（1）安排 12 名學生面向圓心分散站在圓圈周圍，先將 1 個足球交給其中 1 名學生，然後從無球學生中選 1 名學生站在圓圈中間並指定其為「獵物」。

（2）教師鳴哨示意遊戲開始後，站在圓圈外側的學生開始進行傳球配合並在傳球配合的過程中力爭能多次擊中圓圈中的「獵物」——球觸碰到「獵物」膝關節以下部位為有效擊中，而「獵物」則要在圓圈內由積極跑動躲閃

力爭不被球擊中。

（3）遊戲過程中，教師要多次安排不同學生進入圓圈內替換扮演「獵物」角色的學生。

（4）待遊戲進行 10 分鐘後，教師再次鳴哨示意遊戲結束。

（5）最後，依據學生的個人表現，教師對表現優異的學生給予一定的鼓勵。

遊戲規則

（1）遊戲過程中，不得有意用手觸球，否則教師要予以制止並給予警告。

（2）可以進入圓圈內撿球，但必須將球調整至圓圈外側後方可向圓圈內踢球，否則教師要予以制止並給予警告。

（3）球只有觸碰到「獵物」膝關節以下的部位，才算有效擊中。

建　議

（1）遊戲過程中，若出現高球的情況教師應及時提醒學生注意安全，並要求踢球的學生控制好出球方向。

（2）遊戲開始初期，若出現難以擊中「獵物」的情況，教師可適當縮小圓圈的半徑，以此保障遊戲的持續性。

（3）待學生熟悉遊戲規則後，教師可增加 1 個球或將「獵物」的人數增加為 2 人，以此增加遊戲的趣味性。

遊戲點評

身體素質、技能目標							認知、情感、態度目標				
力量	耐力	柔韌性	敏捷性	平衡性	靈巧性	技術動作	愉快感	責任感	團結協作	自信心	努力程度
3	3	4	5	4	4	4	4	3	3	4	4

（南尚傑）

遊戲 12　自傳自射

遊戲目標

（1）身體素質、技能目標：培養學生的踢球能力；提高學生的跑動能力。

（2）認知、情感、態度目標：體驗踢球射門的樂趣；發展射門意識；加深對踢球技術動作的理解；培養遵守規則的習慣和競爭意識。

遊戲準備

（1）在足球場罰球區外側正對球門、距罰球區線 10 米處，用若干標誌碟規劃出 1 條長 3 米且與罰球區線平行的直線，然後設定該直線為出發線。

（2）在出發線與罰球區線之間，距出發線 3 米處平行擺放 2 個圓錐形標誌桶，要求 2 個圓錐形標誌桶之間的間隔距離為 1 米。

（3）足球 5 個。

（4）教師講解遊戲規則並做示範，激發學生參與遊戲的慾望和積極性。

遊戲方法

（1）將 6 名學生帶入場地，先安排 5 名學生每人持 1 球面對球門站在出發線後面排成一路縱隊，然後再安排剩下的 1 名學生站在球門內。

（2）教師鳴哨示意遊戲開始後，站在出發線後面的持球學生要按照順序逐一出發，每名學生共要完成 5 次射門的遊戲任務，力爭每次都能將球射入球門內，若將球射入球門內，實施射門的學生則會獲得相應的分數——在罰球區外側實施射門的每次得 3 分、在罰球區與球門區之間區域實施射門的每次得 2 分、在球門區內實施射門的每次得 1 分，而站在球門內的學生則要承擔守門的任務。

（3）遊戲過程中，每名學生首先要將球擺放在出發線上，然後向前踢地滾球——球必須穿過 2 個圓錐形標誌桶之間，在將球踢出的同時要迅速從 2 個圓錐形標誌桶的外側繞行向前跑動追趕足球，追趕上足球後可直接射門也可以運球調整後再射門，最後要迅速撿球離開球門前並返回至出發線後面按照隊列順序站好等待下一次出發。

（4）待所有學生都完成遊戲任務後，教師再次鳴哨示意遊戲結束。

（5）最後，依據各學生的得分及學生的個人表現，教師對表現優異的學生給予一定的鼓勵。

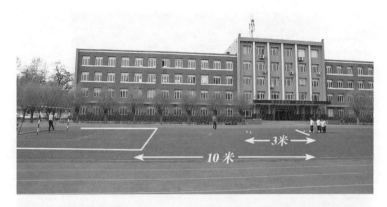

遊戲規則

（1）遊戲過程中，不得有意用手觸球，否則教師要予以制止並給予警告。

（2）持球學生必須先將球擺放在出發線上，然後方可踢球，而且踢出的球必須要穿過 2 個標誌碟之間，否則該學生此次追球射門即使將球射入球門也不能獲得分數。

（3）持球學生不得從 2 個標誌碟之間穿過，否則該學生此次追球射門即使將球射入球門也不能獲得分數。

（4）持球學生實施射門後，若球被守門的學生或球門柱擋回場地內，則該學生可以補射，但只能補射 1 次，否則教師要予以制止並給予警告。

建　議

（1）遊戲過程中，教師應提示完成射門的學生要迅速撿球離開場地，然後再指示後面的學生出發，以此避免安全事故的發生。

（2）待學生熟悉遊戲規則後，教師可要求學生只能使用左腳觸球，以此增加遊戲的難度。

遊戲點評

身體素質、技能目標							認知、情感、態度目標				
力量	耐力	柔韌性	敏捷性	平衡性	靈巧性	技術動作	愉快感	責任感	團結協作	自信心	努力程度
4	4	3	4	3	4	4	4	4	3	4	5

（航空實驗小學：柴華）

遊戲 13　踢球跑壘

遊戲目標

（1）身體素質、技能目標：培養學生的踢球能力；提高跑動能力；鍛鍊快速反應能力。

（2）認知、情感、態度目標：體驗踢球和捕捉足球的樂趣；幫助學生建立踢球後迅速跑動的習慣；培養遵守規則的習慣和競爭意識。

遊戲準備

（1）在場地上用若干標誌碟規劃出 1 個半徑為 15 米的直角扇形場地，然後再用若干標誌碟以扇形的圓心為圓心在場地內規劃出 1 個半徑為 5 米的圓弧。

（2）在扇形的 1 條邊線上、距圓心 10 米處擺放 1 個圓錐形標誌桶。

（3）足球 6 個。

（4）教師講解遊戲規則並做示範，激發學生參與遊戲的慾望和積極性。

遊戲方法

（1）將 12 名學生平均分成 2 組，並分別指定為「進攻方」和「防守方」。先安排「防守方」學生面對扇形圓心分散站在圓弧以外的場地內並指定本組的 1 名學生站在圓錐形標誌桶附近；然後再安排「進攻方」學生每人持 1 個足球在場外站好等待。

（2）教師示意遊戲開始後，「進攻方」學生要按照順序逐一持球進場進行遊戲，每名學生要先將球擺放在扇形圓心處，然後向場地內踢球並在踢完球後向圓錐形標誌桶處跑動，而「防守方」的全體學生則要始終留在場地內力爭以最快的速度將「進攻方」學生踢出的球捕捉住並將球傳給站在圓錐形標誌桶附近的同伴，若「進攻方」學生先於「防守方」的傳球到達圓錐形標誌桶處，則「進攻方」每次會獲得 1 分。

（3）遊戲過程中，完成遊戲任務的「進攻方」學生要迅速撿球到場外等待，然後「進攻方」後面的學生要等「防守方」學生就位站好後方可進場繼續進行遊戲。

（4）待「進攻方」所有學生都完成了遊戲任務後，教師安排「進攻方」與「防守方」互換位置及遊戲角色並組織學生重複上述遊戲內容直至遊戲結束。

（5）最後，依據各組的得分及學生個人表現，教師對表現優異的組別及學生給予一定的鼓勵。

遊戲規則

（1）遊戲過程中，必須待「防守方」學生站好位後，「進攻方」學生方可持球入場準備開始遊戲，否則教師要予以制止。

（2）在將球擺放在扇形圓心處後，「進攻方」學生必須「一腳」將球踢出，否則教師要判定「進攻方」學生犯規。

（3）若「進攻方」學生將球踢出場地，教師要判定該「進攻方」學生犯規。

（4）「防守方」學生捕捉球的方式不受限制。

（5）「進攻方」學生將球踢出前，「防守方」學生不得進入圓弧內的區域，否則教師要予以制止並給予警告。

建 議

（1）遊戲開始前，教師應組織學生進行演練，以此幫助學生充分瞭解遊戲規則。

（2）待學生熟悉遊戲規則後，教師可限定「進攻方」學生只能使用左腳踢球，以此提高學生靈活使用左右腳的能力。

遊戲點評

身體素質、技能目標							認知、情感、態度目標				
力量	耐力	柔韌性	敏捷性	平衡性	靈巧性	技術動作	愉快感	責任感	團結協作	自信心	努力程度
3	3	3	4	3	4	4	5	4	4	4	5

（南尚傑）

遊戲 14 手拉手保衛底線

遊戲目標

（1）身體素質、技能目標：培養學生踢球和接球的能力；提高移動能力。

（2）認知、情感、態度目標：體驗踢球遊戲活動的樂趣；發展攔截球的意識；增進學生之間的友誼；培養學生遵守規則的習慣和競爭意識。

遊戲準備

（1）在場地上用若干標誌碟規劃出 1 個邊長為 10 米和 8 米的長方形場地，指定較長的線為邊線、較短的為底線，然後再以 2 條邊線的中點為端點用若干標誌碟規劃出 1 條直線並指定該直線為中線。

（2）在 2 條底線的正中間位置分別擺放 2 個間隔距離為 4 米圓錐形標誌桶。

（3）足球 1 個。

（4）教師講解遊戲規則並做示範，激發學生參與遊戲的慾望和積極性。

遊戲方法

（1）在場地內將 6 名學生平均分成 2 組，要求這 2 組學生面對面站在中線兩側並指定中線兩側的場地為各組的活動範圍。

（2）教師將球交給一方學生並鳴哨示意遊戲開始後，兩組學生開始對踢足球，各組學生要在手拉手的狀態下爭取將對方組別踢出的球攔截住，並在攔截住球後同樣要在手拉手的狀態下將球踢向對面，力爭擊穿對方組別的防守使球穿過對面的 2 個圓錐形標誌桶之間從而獲得分數——每次得 1 分。

（3）遊戲過程中，各組學生既可以先停球再踢球，也可以將來球直接踢回，但不得運球或將球傳給同組學生。

（4）待遊戲進行 3 分鐘後，教師再次鳴哨示意遊戲

結束。

（5）最後，依據各組的得分及學生的個人表現，教師對表現優異的組別和學生給予一定的鼓勵。

遊戲規則

（1）遊戲過程中，不得有意用手觸球，否則教師要予以制止並給予警告。

（2）各組學生必須在手拉著手的狀態完成防守和踢球，否則教師要予以制止並將踢球權交給對方。

（3）各組學生不得越過中線進入對方場地，否則教師要予以制止並將踢球權交給對方。

（4）將球攔截下後，不得運球移動或向同組學生傳球，否則教師要予以制止並將踢球權交給對方。

（5）一方連續 2 次觸球後，如果球未過中線或出了邊線，踢球權要交給對方。

（6）踢出的球如果高於對方學生的膝關節，教師要對踢球的學生予以提醒並將踢球權交給對方。

對方得分

建　議

（1）待學生熟悉遊戲規則後，可適當縮小 2 個圓錐形標誌桶之間的間隔距離，以此增加遊戲的難度。

（2）待學生熟悉遊戲規則後，還可以限定學生在踢球時只能使用左腳，以此培養學生左腳踢球的能力。

遊戲點評

身體素質、技能目標							認知、情感、態度目標				
力量	耐力	柔韌性	敏捷性	平衡性	靈巧性	技術動作	愉快感	責任感	團結協作	自信心	努力程度
4	4	3	4	4	4	5	5	4	5	4	5

（南尚傑）

遊戲 15　保護腳下球

遊戲目標

（1）身體素質、技能目標：鍛鍊學生護球和搶球的能力；提高身體對抗能力。

（2）認知、情感、態度目標：體驗護球和搶球的樂趣；提高用身體保護球的意識；培養積極拚搏的精神；以及遵守規則的習慣和競爭意識。

遊戲準備

（1）在場地上用 4 個足球規劃出 1 個邊長為 3 米的

正方形。

（2）教師講解遊戲規則並做示範，激發學生參與遊戲的慾望和積極性。

遊戲方法

（1）將 8 名學生平均分成 4 組，然後安排各組學生分別對應 1 個足球站好，並要求各組要指定本組的 2 名學生分別為「搶球人」和「護球人」。

（2）教師鳴哨示意遊戲開始後，各組的「搶球人」要力爭通過積極移動和拼搶用腳觸碰到本組對應的足球，而「護球人」則要在面對足球的情況下通過積極移動力爭使同組學生的腳不能觸碰到足球。

（3）遊戲過程中，教師應每隔 2 分鐘提示各組的 2 名學生要互換遊戲角色。

（4）待遊戲進行 8 分鐘後，教師鳴哨示意遊戲結束。

（5）最後，依據學生的表現情況，教師對表現優異的學生給予一定的鼓勵。

遊戲規則

（1）遊戲過程中，「搶球人」要注意自己的搶球動作，不得採用有可能傷害到他人的危險動作，否則教師要予以制止並給予警告。

（2）「護球人」要始終面對足球，否則教師要予以制止並給予警告。

建　議

（1）遊戲開始前，教師應先講解足球比賽規則，使學生明確「護球人」在保球時要始終面對足球的原因。

（2）遊戲過程中，教師應提醒「搶球人」只要用腳觸碰到足球即可，不要過度用力，以此避免安全事故的發生。

（3）待學生熟悉遊戲規則後，教師可要求「搶球人」要力爭將「護球人」的腳下控球完全搶下，以此鍛鍊學生的實戰能力。

遊戲點評

身體素質、技能目標							認知、情感、態度目標				
力量	耐力	柔韌性	敏捷性	平衡性	靈巧性	技術動作	愉快感	責任感	團結協作	自信心	努力程度
5	5	4	5	5	5	4	4	5	3	4	5

（航空實驗小學：柴華）

遊戲 16　繞障礙物射門

遊戲目標

（1）身體素質、技能目標：培養學生的踢球能力；
提高腳步靈活性。

（2）認知、情感、態度目標：體驗射門和繞障礙物
跑的樂趣；領會射門的基本動作要領；幫助學生建立射門
意識；培養集體榮譽感。

遊戲準備

（1）在正對球門距罰球點 6 米處擺放 1 個標誌碟，
然後指定該標誌碟為出發點。

（2）從出發點開始向罰球點方向依次擺放 3 個圓錐
形標誌桶和 1 個障礙欄，要求這 4 個障礙物之間的間隔距
離為 0.5 米。

（3）在罰球點上擺放 1 個足球，然後再將 5 個足球

擺放在其附近。

（4）教師講解遊戲規則並做示範，激發學生參與遊戲的慾望和積極性。

遊戲方法

（1）將 12 名學生平均分成 2 組，並分別指定為「射門組」和「撿球組」。先安排「射門組」學生面對球門在出發點後面排成一路縱隊；然後再安排「撿球組」的 1 名學生站在點球點附近承擔遊戲過程中擺放球的任務，而其他學生則站在球門後面承擔遊戲過程中的撿球任務。

（2）教師站在球門內並鳴哨示意遊戲開始後，「射門組」學生要在 3 分鐘內按照順序逐一出發，每名學生在依次繞過每個圓錐形標誌桶並跳過障礙欄後，力爭將擺放在罰球點上的足球踢入由教師把守的球門。

（3）遊戲過程中，完成射門的學生要在「撿球組」學生的幫助下迅速撿球，離開球門前，然後再將球擺放在罰球點附近後返回本組隊尾站好等待下一次出發，同時站在罰球點附近的學生要迅速將身邊的球擺放在罰球點上，保證罰球點上始終有球。

（4）站在出發點後面的「射門組」學生，必須待前面的學生完成射門並離開射門區後方可出發進行遊戲。

（5）待「射門組」完成遊戲內容後，教師安排「射門組」學生和「撿球組」學生互換位置和遊戲角色並重複上述遊戲內容直至遊戲結束。

（6）最後，依據各組的進球數量及學生的個人表

現，教師對表現優異的組別和學生給予一定的鼓勵。

遊戲規則

（1）遊戲過程中，不得有意用手觸球，否則教師要

予以制止並給予警告。

（2）射門前，必須依次繞過每個圓錐形標誌桶並跳過障礙欄，否則教師要判定此次射門為無效射門。

（3）可以補射，但只能補射 1 次，否則教師要予以制止並給予警告。

（4）若球門前還有學生未離開，站在圓錐形標誌桶後面的學生不得出發，否則教師要予以制止並給予警告。

建議

（1）遊戲過程中，教師應提醒完成射門的學生在離開球門前，要迅速撿球以此避免傷害事故的發生。

（2）遊戲過程中，教師應提醒學生在射門瞬間要擺好腳型並且腳要踢正球的部位，以此幫助學生提高射門的準確性。

（3）待學生熟悉遊戲規則後，教師可由修改遊戲要求增加遊戲難度，如要求學生只能使用左腳射門、加大射門距離等。

遊戲點評

身體素質、技能目標							認知、情感、態度目標				
力量	耐力	柔韌性	敏捷性	平衡性	靈巧性	技術動作	愉快感	責任感	團結協作	自信心	努力程度
4	3	3	4	3	3	4	4	4	3	4	5

（航空實驗小學：柴華）

遊戲 17 搶球回家

遊戲目標

（1）身體素質、技能目標：培養學生控球移動的能力；提高持續跑動的能力。

（2）認知、情感、態度目標：體驗控球移動的樂趣；幫助學生建立用腳控球移動的習慣；培養頑強拚搏的精神，以及遵守規則的習慣和競爭意識。

遊戲準備

（1）在場地上用若干標準碟規劃出 2 個對稱的正方形，要求 2 個正方形的間隔距離為 20 米、邊長為 2 米。

（2）在 2 個正方形之間的正中間位置，將 11 個足球擺放成一條直線，要求各球之間的間隔距離為 0.3 米。

（3）教師講解遊戲規則並做示範，激發學生參與遊戲的慾望和積極性。

遊戲方法

（1）將 6 名學生平均分成 2 組，然後安排這 2 組學生面對面分別站在 2 個正方形內。

（2）教師鳴哨示意遊戲開始後，全體學生從本組的正方形內出發跑向足球處，到達後每名學生可以用腳將 1 個足球「搬運」回本組的正方形內，然後繼續出發力爭能多次為本組「搬運」回足球——要求每次只能「搬運」回

1 個足球。

　（3）待所有足球都被「搬運」回各組的正方形內後，教師再次鳴哨示意遊戲結束。

　（4）最後，依據各組「搬運」回的足球數量及學生的個人表現，教師對表現優異的組別和學生給予一定的鼓勵。

遊戲規則

（1）教師鳴哨示意遊戲開始後，全體參加遊戲的學生方可從本組的正方形內出發，否則教師要予以制止並給予警告。

（2）遊戲過程中，不得有意用手觸球或進入對方的正方形中，否則教師要予以制止並給予警告。

（3）最先觸碰到擺放在場地中間足球的學生獲得「搬運」權，對方學生不得再觸碰該球，否則教師要予以制止並給予警告。

（4）每次「搬運」只能由個人完成且只能運回1個足球，否則教師要予以制止並給予警告。

建 議

（1）待學生熟悉遊戲規則後，教師可適當增加足球的數量，以此增加學生運球移動的距離。

（2）待學生熟悉遊戲規則後，教師還可將學生「搬運」足球的方式調整為雙腳交替踩球移動、雙腳磕球移動、側身拉球移動等，以此強化學生的技術動作。

遊戲點評

身體素質、技能目標							認知、情感、態度目標				
力量	耐力	柔韌性	敏捷性	平衡性	靈巧性	技術動作	愉快感	責任感	團結協作	自信心	努力程度
3	4	3	3	3	4	4	4	4	4	3	5

（航空實驗小學：柴華）

遊戲 18　人多球少

遊戲目標

（1）身體素質、技能目標：培養學生搶球及運球射門的能力；提高跑動能力。

（2）認知、情感、態度目標：體驗搶球和運球射門的樂趣；幫助學生建立進攻和防守的意識；瞭解足球比賽的基本規則；培養遵守規則的習慣和競爭意識。

遊戲準備

（1）在場地上用若干標誌碟規劃出 1 個邊長為 20 米和 15 米的長方形場地，指定較長的兩條線為邊線，較短的為底線。

（2）以 2 條邊線的中點為端點用若干標誌碟規劃出 1 條直線並指定該直線為中線，然後再用若干標誌碟在中線兩側 3 米處各規劃出 1 條與中線平行的直線。

（3）在中線的正中間位置上以 1 米為間隔距離並排擺放 5 個足球。

（4）在 2 條底線的正中間位置分別擺放 1 個球門。

（5）教師講解遊戲規則並做示範，激發學生參與遊戲的慾望和積極性。

遊戲方法

（1）在場地內將 8 名學生平均分成 2 組，然後安排這 2 組學生面對面分別站在中線兩側和直線後側。

（2）教師鳴哨示意遊戲開始後，2 組學生出發開始爭搶擺放在中線上的 5 個足球，所有學生要透過積極拼搶力爭能較對方更多地將球射入對方的球門。

（3）遊戲過程中，若球進入球門或出了場地，所有參加遊戲的學生不得再觸碰該球。

（4）待場地內已無球可搶時，教師再次鳴哨示意遊戲結束。

（5）最後，依據各組的進球數量及學生的個人表現，教師對表現優異的組別和學生給予一定的鼓勵。

遊戲規則

（1）遊戲過程中，不得有意用手觸球且不得採用有可能傷害到他人的危險動作，否則教師要予以制止並給予警告。

（2）不得觸碰已進入球門及出了場地的球，否則教師要予以制止並給予警告。

建 議

（1）遊戲開始前，教師應組織學生進行演練，幫助學生建立腳下有球時要發動進攻而腳下無球時要積極防守的意識。

（2）遊戲過程中，教師應用語言提示完成射門的學生要迅速將自己的遊戲角色由進攻轉變為防守，以此提高學生攻防轉換的意識。

（3）為增加學生的跑動距離及遊戲的難度，教師可適當擴大場地範圍。

遊戲點評

身體素質、技能目標						認知、情感、態度目標				
力量	耐力	柔韌性	敏捷性	平衡性	靈巧性	技術動作	愉快感	責任感	團結協作	自信心	努力程度
4	4	3	4	4	4	5	4	4	3	4	5

（南尚傑）

遊戲 19　平行站位防守

遊戲目標

（1）身體素質、技能目標：培養學生運球突破和防守的能力；提高跑動能力。

（2）認知、情感、態度目標：體驗進攻和防守的樂趣；幫助學生建立進攻和防守的意識；領會控球移動的基本動作要領；培養遵守規則的習慣和競爭意識。

遊戲準備

（1）在場地上用若干標誌碟規劃出 1 個邊長為 20 米和 15 米的長方形場地，設定較長的 2 條線為邊線，較短的為底線，然後以 2 條邊線的中點為端點再用若干標誌碟規劃出 1 條直線並設定該直線為防守線。

（2）在一側底線的正中間位置擺放 1 個球門。

（3）足球 3 個。

（4）教師講解遊戲規則並做示範，激發學生參與遊戲的慾望和積極性。

遊戲方法

（1）將 6 名學生平均分成 2 組，並分別指定為「進攻方」和「防守方」。首先安排「進攻方」學生每人持 1 球在球門對面的底線後面排成一列橫隊；然後再安排「防守方」的 2 名學生面對「進攻方」學生平行站在防守線上

而另外 1 名學生則站在球門前。

（2）教師鳴哨示意遊戲開始後，「進攻方」學生要在 3 分鐘內反覆運球進入場地，力爭多次突破「防守方」學生的防守，越過防守線然後將球射入球門內；而「防守方」學生則要由積極防守力爭將「進攻方」學生的腳下控球破壞出場地。

（3）遊戲過程中，站在防守線上的 2 名「防守方」學生的雙腳不得離開防守線，而站在球門前的 1 名「防守方」學生的雙腳不得離開球門線。

（4）另外，遊戲過程中，若球進入球門或出了場地，控制該球的「進攻方」學生要運球至球門對面的底線處後方可繼續運球出發。

（5）待「進攻方」學生完成遊戲內容後，教師安排「進攻方」學生和「防守方」學生互換位置和遊戲角色並重複上述遊戲內容直至遊戲結束。

（6）最後，依據各組的進球數量和學生的個人表現，教師對表現優異的組別和學生給予一定的鼓勵。

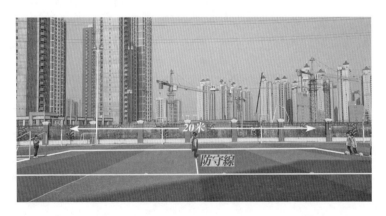

遊戲規則

（1）遊戲過程中，不得有意用手觸球且不得採用有可能傷害到他人的危險動作，否則教師要予以制止並給予警告。

（2）站在防守線上的 2 名「防守方」學生的雙腳必須始終踩在防守線上，否則教師要予以制止並給予警告。

（3）「進攻方」學生不得與本組學生進行傳球配合，否則教師要予以制止並給予警告。

（4）「進攻方」學生不得在防守線前方實施射門，否則教師要予以制止並給予警告。

（5）若球進入球門或出了場地，控制該球的「進攻方」學生必須運球返回至球門對面的底線處後方可重新出發，否則教師要予以制止並給予警告。

建　議

（1）遊戲開始前，教師應組織學生進行運球和控球練習，以此保障學生能較好地參與到遊戲中。

（2）遊戲過程中，教師應引導「進攻方」學生充分利用「防守方」學生只能左右移動的特點將其引向一側，從而創造出突破口，以此幫助「進攻方」學生提高突破的成功率。

遊戲點評

身體素質、技能目標							認知、情感、態度目標				
力量	耐力	柔韌性	敏捷性	平衡性	靈巧性	技術動作	愉快感	責任感	團結協作	自信心	努力程度
4	5	4	4	4	4	4	4	5	3	4	5

（南尚傑）

遊戲 20　突破防守區

遊戲目標

（1）身體素質、技能目標：培養學生運球突破和防守的能力；提高跑動能力。

（2）認知、情感、態度目標：體驗運球突破和防守的樂趣；幫助學生建立進攻和防守的意識；培養學生遵守規則的習慣和競爭意識。

遊戲準備

（1）在場地上用若干標誌碟規劃出 1 個邊長為 20 米和 15 米的長方形場地，設定較長的 2 條線為邊線，較短的為底線。

（2）在距一側底線的 4 米處和 8 米處分別用若干標誌碟規劃出 2 條與底線平行的直線，將場地劃分為 3 個區域，然後設定這 3 個區域分別為出發區、防守區、射門區。

（3）在射門區一側底線的正中間位置擺放 1 個球門。

（4）足球 3 個。

（5）教師講解遊戲規則並做示範，激發學生參與遊戲的慾望和積極性。

遊戲方法

（1）將 6 名學生平均分成 2 組並分別指定為「進攻方」和「防守方」。首先安排「進攻方」學生每人持 1 個

足球在球門對面的底線後面排成一列橫隊；然後再安排「防守方」學生面對「進攻方」學生站在防守區和射門區內——防守區內 2 人、射門區內 1 人。

（2）教師鳴哨示意遊戲開始後，「進攻方」要在 3 分鐘內反覆運球出發，力爭多次突破「防守方」學生的防守進入射門區內並完成射門，而站在防守區內和射門區內的「防守方」學生則要在不離開各自所在區域的情況下力爭透過積極拼搶將「進攻方」學生的腳下控球破壞出場地。

（3）遊戲過程中，若球進入球門或出了場地，控制該球的「進攻方」學生要運球至出發區的底線處後方可繼續出發。

（4）待「進攻方」學生完成遊戲內容後，教師安排「進攻方」學生和「防守方」學生互換位置和遊戲角色並重複上述遊戲內容直至遊戲結束。

（5）最後，依據各組的進球數量和學生的個人表現，教師對表現優異的組別和學生給予一定的鼓勵。

遊戲規則

（1）遊戲過程中，不得有意用手觸球且不得採用有可能傷害到他人的危險動作，否則教師要予以制止並給予警告。

（2）「防守方」2 名學生的活動範圍限定為防守區內，而另外 1 名學生的活動範圍限定為射門區內，否則教師要予以制止並給予警告。

（3）「進攻方」學生不得與本小組學生進行傳球配

合，否則教師要予以制止並給予警告。

（4）「進攻方」學生不得在射門區以外的區域實施射門，否則教師要予以制止並給予警告。

（5）若球進入球門或出了場地，控制該球的「進攻方」學生必須運球返回至出發區的底線處後方可重新出發，否則教師要予以制止並給予警告。

建　議　.

（1）遊戲過程中，教師應鼓勵學生敢於做動作，以此幫助學生提高自身的技能。

（2）遊戲過程中，教師應引導「進攻方」學生利用「防守方」學生活動範圍的限定及場地的寬度分散運球突破，以此幫助「進攻方」學生提高進入射門區的成功率。

遊戲點評

身體素質、技能目標							認知、情感、態度目標				
力量	耐力	柔韌性	敏捷性	平衡性	靈巧性	技術動作	愉快感	責任感	團結協作	自信心	努力程度
4	5	3	4	4	5	4	5	4	3	4	5

（南尚傑）

第二部分

適合國小
3～4 年級學生的
足球遊戲

一

培養學生
身體素質的遊戲

遊戲 1　抓尾巴

遊戲目標

（1）身體素質、技能目標：培養學生的跑動能力；提高反應和躲閃的能力。

（2）認知、情感、態度目標：體驗追趕與被追趕的樂趣；增進學生之間的友誼；培養團隊協作和競爭的意識。

遊戲準備

（1）在場地上用若干標誌碟規劃出 1 個邊長為 20 米（公尺）的正方形遊戲活動區域。

（2）分隊服 4 件。

（3）教師講解遊戲規則並做示範，激發學生參與遊戲的慾望和積極性。

遊戲方法

（1）在場地內將 12 名學生平均分成 4 組，要求各

組學生除排頭外要依次抱住本組前面學生的腰部排成一路縱隊，並將 4 件分隊服分別繫在各組排尾學生的身後作為「尾巴」。

（2）教師鳴哨示意遊戲開始後，各組要在排頭的帶領下由積極移動力爭保護住本組的「尾巴」不被其他組別抓住，並在有可能的情況下抓住其他組別的「尾巴」。

（3）遊戲過程中，當出現「尾巴」被抓住的情況時，教師要立即鳴哨示意遊戲暫停，並安排「尾巴」被抓的組別到場地外側等待，然後安排剩下的組別繼續重複上述遊戲內容。

（4）待場地內只剩下 1 個組別時，教師再次鳴哨示意遊戲結束，並依據「尾巴」被抓的先後順序對各組進行排序。

（5）最後，教師對排序靠前的組別給予一定的鼓勵。

遊戲規則

（1）遊戲過程中，不得為躲避其他組織的追趕而離開場地，否則教師要予以制止並給予警告。

（2）不得採用有可能傷害到他人的危險動作，否則教師要予以制止並給予警告。

（3）不得有意鬆手脫離本組隊列，否則教師要予以制止並給予警告，對於屢犯的組別要取消繼續參加遊戲的資格。

（4）「尾巴」被其他組別抓住的組別要及時到場地

外側等待，並不得再次進入場地內，否則教師要予以制止並給予警告。

建　議

（1）各組人數應控制在 3～5 人之間，若人數過多則很容易出現隊列「散架」的情況。

（2）可根據情況適當增加遊戲活動區域的範圍，以此增加學生的移動距離。

遊戲點評

身體素質、技能目標							認知、情感、態度目標				
力量	耐力	柔韌性	敏捷性	平衡性	靈巧性	技術動作	愉快感	責任感	團結協作	自信心	努力程度
4	4	3	4	3	3	3	5	5	4	4	5

（駱全友）

遊戲 2 雙腳挑球

遊戲目標

（1）身體素質、技能目標：提高學生的腰腹力量；培養身體協調性。

（2）認知、情感、態度目標：體驗用雙腳將球挑起的樂趣；提高團隊合作意識；培養競爭意識。

遊戲準備

（1）在場地上分別用 3 個標誌碟規劃出 2 條長為 2 米、間隔距離為 3 米的平行線，要求每條直線上標誌碟之間的間隔距離為 1 米，然後再設定這 2 條直線分別為「挑球線」和「接球線」。

（2）足球 3 個。

（3）教師講解遊戲規則並做示範，激發學生參與遊戲的慾望和積極性。

遊戲方法

（1）將 12 名學生平均分成 3 組，先安排各組的 3 名學生站在「挑球線」後分別對應 1 個標誌碟排成縱隊，且各組的排頭要持 1 個球，然後再安排各組剩下的 1 名學生面對本組學生站在「接球線」後面。

（2）教師鳴哨示意遊戲開始後，站在「挑球線」後面的各組學生要按照順序逐一用雙腳將球挑起，力爭在規

定時間內都多次能將球挑至站在「接球線」後面本組學生的手中，而站在「接球線」後面的各組學生則要力爭每次都能將本組學生的挑球用手接住——每接住 1 球本組獲得 1 分，然後再將球返還給對面的本組學生。

（3）遊戲過程中，站在「挑球線」後面的各組學生在完成挑球後要迅速到本組排尾處站好等待下一次挑球。

（4）待遊戲進行 3 分鐘後，教師再次鳴哨示意遊戲結束。

（5）最後，依據各組的得分及學生個人表現，教師對表現優異的組別和學生給予一定的鼓勵。

遊戲規則

（1）遊戲過程中，除站在「接球線」後面的學生外其他學生不得有意用手觸球，否則教師要予以制止並給予警告。

（2）必須將球調整至「接球線」後側方可用腳挑球，否則教師要予以制止並給予警告。

（3）必須用雙腳挑球，否則教師要予以制止並給予警告。

（4）站在「接球線」後面的學生，不得移動至「接球線」的前方接球，否則教師要予以制止並給予警告。

（5）各組站在「接球線」和「挑球線」後面的學生可以互換遊戲角色。

建　議

（1）各組的學生應控制在 3～6 人，如果人數過多則學生在遊戲過程中的等待時間會過長。

（2）待學生熟悉遊戲規則後，教師可將挑球方式改

變為單腳挑球、雙腳夾球等，以此增加遊戲的趣味性。

遊戲點評

身體素質、技能目標							認知、情感、態度目標				
力量	耐力	柔韌性	敏捷性	平衡性	靈巧性	技術動作	愉快感	責任感	團結協作	自信心	努力程度
4	3	3	4	4	4	4	3	4	3	4	4

（南尚傑）

遊戲 3 「桶」頂球接力

遊戲目標

（1）身體素質、技能目標：培養學生的跑動能力；提高平衡能力。

（2）認知、情感、態度目標：體驗參加團體遊戲活動的樂趣；領會掌握平衡的技巧；提高團隊合作意識；培養競爭意識和遵守規則的習慣。

遊戲準備

（1）在場地上用若干標誌碟規劃出 2 條長 2 米、間隔距離為 10 米的平行線，並將這 2 條直線分別設定為「出發線」和「折返線」。

（2）圓錐形標誌桶和足球各 3 個。

（3）教師講解遊戲規則並做示範，激發學生參與遊

戲的慾望和積極性。

遊戲方法

（1）將 12 名學生平均分成 3 組，然後安排各組學生面對「折返線」在「出發線」後面分別排成一路縱隊，要求各組之間的間隔距離為 1 米，且各組的排頭要手持 1 個圓錐形標誌桶和 1 個足球。

（2）教師鳴哨示意遊戲開始後，各組排頭手持放有足球的圓錐形標誌桶向「折返線」處移動，到達後原路返回並在「出發線」處將圓錐形標誌桶和足球交給本組後面的學生，然後到本組的排尾處站好等待，此後各組後面的學生按照上述要求依次完成遊戲內容。

（3）遊戲過程中，不得為防止球落地而用手觸碰圓錐形標誌桶上方的足球，只有在出現球落地的情況後方可「用手」將球擺放在圓錐形標誌桶上方並在球落地處重新出發。

（4）待全體學生都完成了遊戲內容後，教師再次鳴哨示意遊戲結束。

折返線

（5）最後，依據各組完成遊戲內容的先後順序及學生的個人表現，教師對表現優異的組別和學生給予一定的鼓勵。

遊戲規則

（1）不得為防止球落地而用手觸碰圓錐形標誌桶上方的足球，否則教師要予以制止並給予警告。

（2）若出現球落地的情況，必須在球落地處將球擺放在圓錐形標誌桶上方後方可重新出發，否則教師要予以制止並給予警告。

（3）必須到達「折返線」處後方可返回，否則教師要予以制止並給予警告。

（4）必須返回至「出發線」處後方可將圓錐形標誌桶和足球交給本組的下一名學生，否則教師要予以制止並給予警告。

建　議

（1）各組的學生人數應控制在 3～5 人，如果人數過多學生在遊戲過程中的等待時間會過長。

（2）待學生熟悉遊戲規則後，教師可根據情況適當增加遊戲難度，如改為雙手持圓錐形標誌桶頂球、在「出發線」和「折返線」之間擺放障礙物等。

遊戲點評

身體素質、技能目標							認知、情感、態度目標				
力量	耐力	柔韌性	敏捷性	平衡性	靈巧性	技術動作	愉快感	責任感	團結協作	自信心	努力程度
3	3	3	4	5	4	3	3	4	4	4	4

（張川）

遊戲 4　抱球對對碰

遊戲目標

（1）身體素質、技能目標：提高學生的跑動能力；

培養躲閃能力。

（2）認知、情感、態度目標：體驗追趕與被追趕的樂趣；提高團隊合作意識；培養競爭意識和遵守規則的習慣。

遊戲準備

（1）在場地上用若干標誌碟規劃出 1 個邊長為 15 米的正方形場地。

（2）足球 1 個。

（3）教師講解遊戲規則並做示範，激發學生參與遊戲的慾望和積極性。

遊戲方法

（1）將 10 名學生帶入場內，先指定 1 名學生為「獵人」並將足球交給該學生，然後再指定其餘學生為「獵物」。

（2）教師鳴哨示意遊戲開始後，「獵人」開始持球跑動追趕「獵物」，若「獵人」用足球觸碰到「獵物」身體的軀幹部即意味「獵人」抓捕到了「獵物」，被抓的「獵物」的遊戲角色就要由「獵物」轉變為「獵人」，然後這 2 名「獵人」合作繼續追趕「獵物」，此後以此類推直至所有的「獵物」被抓都變為「獵人」。

（3）遊戲過程中，當「獵人」的人數超過 2 人後，「獵人」之間可進行傳球配合，但必須在手持足球的情況下用足球觸碰到「獵物」身體的軀幹部才算抓捕到「獵

物」。

（4）待「獵人」抓捕到所有的「獵物」後，教師再次鳴哨示意遊戲結束。

（5）最後，依據學生的表現情況，教師對表現優異的學生給予一定的鼓勵。

遊戲規則

（1）遊戲過程中，「獵人」不得採用有可能傷害到「獵物」的危險動作，否則教師要予以制止並給予警告。

（2）「獵人」必須是在手持足球的情況下用足球觸碰到「獵物」身體的軀幹部才算抓捕到「獵物」，否則為無效抓捕。

（3）當「獵人」的人數超過 2 人以後，「獵人」不僅可以手持足球跑動，還可以採用傳球配合的方式抓捕「獵物」。

（4）「獵人」不得用球擊打「獵物」，否則教師要予以制止並給予警告。

（5）「獵物」不得為躲避「獵人」的抓捕而跑出場地，否則教師要予以制止並給予警告。

建　議

（1）參加遊戲的人數應控制在 6～15 人，若人數過多則遊戲過程中會經常出現學生難以辨別他人遊戲角色的情況。

（2）遊戲開始初期，若出現「獵人」難以抓捕到「獵物」的情況，教師可適當縮小場地範圍，以此降低遊戲的難度。

（3）「獵人」的人數達到 4 人時，教師可增加一個足球，以此增加遊戲的趣味性。

遊戲點評

身體素質、技能目標							認知、情感、態度目標				
力量	耐力	柔韌性	敏捷性	平衡性	靈巧性	技術動作	愉快感	責任感	團結協作	自信心	努力程度
3	4	3	4	4	4	3	5	4	4	4	5

（張川）

遊戲 5　圍球移動

遊戲目標

（1）身體素質、技能目標：提高學生步伐的靈活性；培養腳感。

（2）認知、情感、態度目標：體驗與同伴合作觸碰球移動的樂趣；提高合作的默契度；培養競爭意識和遵守規則的習慣。

遊戲準備

（1）在場地上用若干標誌碟規劃出 2 條長為 3 米、

間隔距離為 15 米的平行線，然後將這 2 條線分別設定為出發線和折返線。

（2）在出發線上擺放 4 個足球，要求各球之間的間隔距離為 1 米。

（3）教師講解遊戲規則並做示範，激發學生參與遊戲的慾望和積極性。

遊戲方法

（1）將 12 名學生平均分成 4 組，然後安排各組分別對應 1 個擺放在出發線上的足球站好，要求各組學生要手拉手將本組對應的足球圍在圓圈內。

（2）教師鳴哨示意遊戲開始後，各組學生要以手拉著手將足球圍在本組圓圈內的方式向折返線處移動，到達後再以同樣的方式從折返線處原路返回，各組在觸球移動的過程中，要求每名學生不得連續觸碰足球。

（3）遊戲過程中，不僅要求各組要盡力快速移動，還要求各組要始終將足球控制本組圍成的圓圈內，若出現足球「出圈」的情況，則要將足球撿回並在球「出圈」處重新出發。

（4）待各組都完成了遊戲內容後，教師再次鳴哨示意遊戲結束。

（5）最後，依據各組完成遊戲內容的先後順序，教師對表現優異的組別給予一定的鼓勵。

遊戲規則

（1）遊戲過程中，不得用手觸球，否則教師要予以制止並給予警告。

（2）各組必須以手拉著手將足球圍在本組圓圈內的方式進行移動，否則教師要予以制止並給予警告。

（3）若出現足球「出圈」的情況，必須在足球「出圈」處重新出發，否則教師要予以制止並給予警告。

（4）若出現有學生連續觸碰足球的情況，教師要予以制止並給予警告。

建　議

（1）教師可適當增加各組的學生人數，但每組的人數應控制 5 人以內，以此保障學生在參與遊戲過程中能有足夠的機會觸碰足球。

（2）待學生熟悉遊戲規則後，教師可將各組足球的數量由 1 個增加為 2 個，以此增加遊戲的趣味性。

遊戲點評

身體素質、技能目標							認知、情感、態度目標				
力量	耐力	柔韌性	敏捷性	平衡性	靈巧性	技術動作	愉快感	責任感	團結協作	自信心	努力程度
3	3	3	4	3	4	3	4	4	4	4	4

（王英梅）

二

培養學生
足球技能的遊戲

遊戲 1 抓控球人

遊戲目標

（1）身體素質、技能目標：培養學生傳球配合、跑位接應和搶球的能力；提高跑動和躲閃能力。

（2）認知、情感、態度目標：體驗傳球配合的樂趣；幫助學生建立快速傳球的習慣；培養觀察能力；提高競爭意識。

遊戲準備

（1）在場地上用若干標誌碟規劃出 1 個邊長為 20 米（公尺）的正方形場地。

（2）足球 1 個。

（3）教師講解遊戲規則並做示範，激發學生參與遊戲的慾望和積極性。

遊戲方法

（1）將 12 名學生帶入場地內，先指定 2 名學生為

「抓人方」，然後再指定剩下的學生為「控球方」。

（2）教師將球交給「控球方」學生並鳴哨示意遊戲開始後，「控球方」學生要在場地內進行傳控球配合，而「抓人方」學生則要在「不觸碰球」的情況下力爭透過積極跑動「抓住」還沒有來得及將球傳出的「控球方」學生——用手觸碰到「控球方」學生的身體即可，若有「控球方」學生被抓則該學生要接受做深蹲或俯地挺身的懲罰。

（3）遊戲過程中，教師要不定時地安排不同的「控球方」學生與「抓人方」學生互換遊戲角色，以此降低「抓人方」學生的體力壓力。

（4）待遊戲進行 5 分鐘後，教師再次鳴哨示意遊戲結束。

（5）最後，依據學生的個人表現，教師對表現優異的學生給予一定的鼓勵。

遊戲規則

（1）遊戲過程中，「抓人方」學生不得有意觸球且不得採用有可能傷害到他人的危險動作，否則教師要予以制止並給予警告。

（2）「控球方」學生不得為躲避抓捕而到場地外側，否則教師要予以制止並給予警告。

（3）若「控球方」學生自己將球觸碰出場地，則「控球方」全體學生要接受懲罰。

建　議

（1）遊戲開始前，教師應組織學生進行演練，以此幫助學生明確本遊戲的主要特點是「抓人」而不是「搶球」。

（2）遊戲過程中，教師應引導「控球方」學生快傳球、多跑動接應，以此幫助學生建立傳球和跑位接應的意識。

（3）待學生熟悉遊戲規則後，教師可將足球的數量增加為2個或增加「抓人方」學生的人數，以此增加遊戲的難度。

遊戲點評

身體素質、技能目標							認知、情感、態度目標				
力量	耐力	柔韌性	敏捷性	平衡性	靈巧性	技術動作	愉快感	責任感	團結協作	自信心	努力程度
3	4	3	4	4	4	4	4	4	4	4	4

（趙欣）

遊戲 2　按號傳接球

遊戲目標

（1）身體素質、技能目標：培養學生傳球配合的能力；提高跑動能力。

（2）認知、情感、態度目標：體驗與同伴進行傳接球配合的樂趣；幫助學生建立快速傳接球的習慣；提高判斷力和觀察力；增進學生之間的默契度。

遊戲準備

（1）在場地上用若干標誌碟規劃出 1 個半徑為 5 米的圓圈。

（2）足球 1 個。

（3）教師講解遊戲規則並做示範動作，激發學生參與遊戲的慾望和積極性。

遊戲方法

（1）安排 6 名學生分散站在圓圈外沿，然後對學生進行編號並將足球交給序號為 1 的學生。

（2）教師鳴哨示意遊戲開始後，所有學生開始沿圓圈外沿跑動並在跑動過程中進行循環傳接球配合，要求序號為奇數和偶數的學生的跑動方向要正好相反，且傳球的順序必須是按照學生的序號依次進行。

（3）遊戲過程中，要求所有學生要始終沿圓圈外沿進行跑動，盡量不要進入圓圈內。

（4）遊戲進行 3 分鐘後，教師再次鳴哨示意遊戲結束。

（5）最後，依據學生的個人表現，教師對表現優異的學生給予一定的鼓勵。

遊戲規則

（1）遊戲過程中，不得有意用手觸球，否則教師要予以制止並給予警告。

（2）不得原地站立，要始終處於跑動的狀態，否則教師要予以制止並給予警告。

（3）必須按照序號的順序依次觸球，否則教師要予以制止並給予警告。

（4）每次觸球後，必須在 3 秒內將球傳出，否則教師要予以警告。

建　議

（1）遊戲過程中，教師應提示學生要牢記自己要接誰的傳球、要向誰傳球，以此幫助學生提高傳球配合的成功率。

（2）待學生熟悉遊戲規則後，教師可要求學生提高出球速度或要求學生只能用左腳觸球，以此增加遊戲的難度。

遊戲點評

身體素質、技能目標							認知、情感、態度目標				
力量	耐力	柔韌性	敏捷性	平衡性	靈巧性	技術動作	愉快感	責任感	團結協作	自信心	努力程度
3	4	3	4	3	4	4	4	4	5	4	5

（南尚傑）

遊戲 3　連續射門

遊戲目標

（1）身體素質、技能目標：培養學生的踢球能力；增強跑動能力和腿部力量；提高靈活使用左右腳的能力。

（2）認知、情感、態度目標：體驗射門的樂趣；增強射門意識；培養競爭意識和頑強拚搏的精神。

遊戲準備

（1）在正對球門距罰球區線 10 米處擺放 1 個圓錐形標誌桶並設定該桶為出發點，然後在出發點左右兩側距罰球區線 6 米和 2 米處再各擺放 1 個圓錐形標誌桶並設定這 2 個桶分別為 A 點和 B 點。

（2）在 A 點和 B 點附近各擺放 5 個足球。

（3）教師講解遊戲規則並做示範，激發學生參與遊戲的慾望和積極性。

遊戲方法

（1）安排 5 名學生面對球門在出發點後側排成一路縱隊，然後 2 名教師分別站在 A 點和 B 點附近承擔遊戲過程中的傳球任務。

（2）教師鳴哨示意遊戲開始後，站在出發點後面的 5 名學生要依次循環出發向罰球弧附近跑動，每名學生在跑動的過程中要依次接 A 點和 B 點附近教師的傳球並完成 2 次射門，力爭每次都能將球射入球門內。

（3）遊戲過程中，完成射門的學生要迅速撿球離開球門前，然後在將球分別擺放在 A 點和 B 點附近後返回至出發點後側排隊站好等待下一次出發。

（4）遊戲進行 5 分鐘後，教師再次鳴哨示意遊戲結束。

（5）最後，依據各學生的進球數量及學生的個人表現，教師對表現優異的學生給予一定的鼓勵。

遊戲規則

（1）遊戲過程中，學生不得有意用手觸球，否則教師要予以制止並給予警告。

（2）每次出發後，必須依次使用左右腳完成 2 次射門，否則教師要予以制止並給予警告。

（3）若球門前有學生尚未離開，站在出發點後面的學生不得出發，否則教師要予以制止並給予警告。

建　議

（1）遊戲過程中，教師應提醒完成射門的學生要在離開球門前迅速撿球，以此避免傷害事故的發生。

（2）若有女生參加該遊戲，教師可在核算進球數量時將女生的進球數量予以翻倍，以此調動女生參加遊戲的積極性。

遊戲點評

身體素質、技能目標							認知、情感、態度目標				
力量	耐力	柔韌性	敏捷性	平衡性	靈巧性	技術動作	愉快感	責任感	團結協作	自信心	努力程度
4	5	3	4	3	4	5	5	4	3	4	5

（孟芳）

遊戲 4 ┃ 對角傳球得分

遊戲目標

（1）身體素質、技能目標：培養傳球配合和防守的能力；鍛鍊跑動能力。

（2）認知、情感、態度目標：體驗足球遊戲活動的樂趣；增強跑位接應和防守的意識；增進學生之間的默契度；培養團隊協作和競爭的意識。

遊戲準備

（1）用若干標誌碟規劃出 1 個邊長為 20 米的正方形場地，然後再用若干標誌碟在場地的四角處分別規劃出 4 個邊長為 1 米的小正方形並指定這 4 個小正方形為「接應區」。

（2）足球 1 個。

（3）教師講解遊戲規則並做示範，激發學生參與遊戲的慾望和積極性。

遊戲方法

（1）在場地內將 10 名學生平均分成 2 組，然後要求各組分別指定本組的 2 名學生為「接應隊員」並安排這 2 名「接應隊員」分別站在對角的 2 個「接應區」內。

（2）教師將球拋入場地內並鳴哨示意遊戲開始後，各組要透過積極拼搶和傳球配合力爭多次將球傳給本組的

「接應隊員」，各組的「接應隊員」在「接應區」內每接住 1 次傳球，其所屬組就會獲得 1 分。

（3）遊戲過程中，「接應隊員」在「接應區」內接住球後，必須在 5 秒內將球傳出「接應區」，並且此處傳球必須要將球傳給對方學生。

（4）待遊戲進行 5 分鐘後，教師再次鳴哨示意遊戲結束。

（5）最後，依據各組的得分及學生的個人表現，教師對表現優異的組別和學生給予一定的鼓勵。

得分後將球傳給對方

遊戲規則

（1）遊戲過程中，不得有意用手觸球且不得採用有可能傷害到他人的危險動作，否則教師要予以制止並給予警告。

（2）每個「接應區」內只能有 1 名「接應隊員」，且「接應隊員」不得離開所在的「接應區」，否則教師要予以制止並給予警告。

（3）「接應隊員」可隨時與本組的其他學生互換遊戲角色和位置。

（4）不得進入「接應區」內拼搶「接應隊員」的腳下控球，否則教師要予以制止並給予警告。

（5）「接應隊員」接停球後，若在 5 秒內未將球傳給對方學生，教師要予以制止並給予警告。

（6）球出界後，由最後觸球者的對方將球擺放在出界處的邊線上並以踢球入場的方式恢復遊戲。

建 議

（1）遊戲過程中，教師應提示學生要多轉移球、多跑動接應，以此幫助學生獲得更多的分數。

（2）教師可安排女生承擔「接應隊員」的角色，以此降低女生參加該遊戲的難度。

遊戲點評

身體素質、技能目標						認知、情感、態度目標				
力量	耐力	柔韌性	敏捷性	平衡性	靈巧性	技術動作	愉快感	責任感	團結協作	自信心	努力程度
4	4	4	4	4	4	5	4	5	5	4	5

（孟芳）

遊戲 5　突破老師的防守

遊戲目標

（1）身體素質、技能目標：培養傳球配合、跑位接應及射門的能力；提高學生的跑動能力。

（2）認知、情感、態度目標：體驗傳球配合和射門的樂趣；提高進攻意識；幫助學生建立積極跑位接應的習慣；培養競爭意識。

遊戲準備

（1）在足球場罰球區外側距罰球區線 10 米處，用

若干標誌碟規劃出 1 條長為 5 米且與罰球區線平行的直線，然後指定該直線為出發線。

（2）在出發線和罰球區線之間的正中間位置用若干標誌碟規劃出 1 個半徑為 2 米的圓圈，然後指定該圓圈為接球區。

（3）在罰球區線附近用 4 個圓錐形標誌桶規劃出 1 個邊長為 10 米和 4 米的長方形並指定該區域為防守區。

（4）足球 3 個。

（5）教師講解遊戲規則並做示範，激發學生參與遊戲的慾望和積極性。

遊戲方法

（1）安排 6 名學生面對球門在出發線後面排成平行的 2 路縱隊，要求 2 縱隊之間的間隔距離為 4 米，然後指定平行的 2 名學生為一組並向每組分發 1 個足球。

（2）教師面對學生站在防守區內鳴哨示意遊戲開始後，各組學生要聽從教師的指揮按照順序反覆持球出發進行 2 打 1 進攻配合，力爭每次配合都能突破教師的防守將球射入球門內。

（3）該遊戲的具體方法為：首先各組的持球學生向接球區內傳球，並在傳完球後向防守區附近跑動接應，同時，同組的另外 1 名無球學生要快速跑至接球區內並在接球區內接住同伴的傳球，該學生持球後既可進行個人運球突破，也可與同伴進行傳球配合，最終各組的 2 名學生要力爭突破教師的防守將球射入球門內。

（4）遊戲過程中，教師的防守範圍限定為防守區內，且各組學生必須在球進入防守區後方可實施射門。

（5）另外，遊戲過程中完成射門的學生要迅速撿球從罰球區外側返回至出發線後面的排尾處站好等待下一次出發。

（6）待遊戲進行 10 分鐘後，教師再次鳴哨示意遊戲結束。

（7）最後，依據各組的進球數量及學生個人表現，教師對表現優異的組別和學生給予一定的鼓勵。

遊戲規則

（1）遊戲過程中，不得有意用手觸球，否則教師要予以制止並給予警告。

（2）持球學生向接球區處傳球前，同組的無球學生不得越過出發線，否則教師要判定此次進攻為無效進攻。

（3）持球學生向接球區處傳球後，若同組的無球學生是在接球區外側觸碰到同伴的傳球，則教師要判定此次進攻為無效進攻。

（4）不得在防守區以外的區域實施射門，否則教師要判定此次進攻為無效進攻。

建 議

（1）遊戲開始前，教師應組織學生進行直傳斜插、斜傳直插等 2 人間的傳球配合練習，以此保障學生能較好地參與到遊戲中。

（2）遊戲過程中，教師應引導無球學生要與控球學

生保持適當的距離，以此為控球學生的傳球及射門創造有利條件。

（3）待學生熟悉遊戲規則後，教師可安排 1 名守門員參與防守，以此增加遊戲的難度。

遊戲點評

身體素質、技能目標							認知、情感、態度目標				
力量	耐力	柔韌性	敏捷性	平衡性	靈巧性	技術動作	愉快感	責任感	團結協作	自信心	努力程度
4	5	4	4	4	4	5	5	5	5	4	5

（南尚傑）

遊戲 6　階梯傳球進攻

遊戲目標

（1）身體素質、技能目標：培養傳球、跑位接應及防守的能力；提高左右移動的能力。

（2）認知、情感、態度目標：體驗傳球配合和防守的樂趣；認知跑動接應是影響傳球配合成功率的重要因素；培養學生團隊協作精神，以及遵守規則的習慣和競爭意識。

遊戲準備

（1）在場地上用若干標誌碟規劃出 1 個邊長為 12

米和 5 米的長方形，然後再由擺放標誌碟將該長方形劃分為 6 個邊長為 5 米和 2 米的小長方形，並分別為這 6 個小長方形編上序號。

（2）在 6 號小長方形邊線正中間位置擺放 1 個球門。

（3）足球 1 個。

（4）教師講解遊戲規則並做動作示範，激發學生參與遊戲的慾望和積極性。

遊戲方法

（1）將 6 名學生平均分成 2 組並分別指定為「進攻方」和「防守方」，安排「進攻方」學生分別站在序號為奇數的 3 個小長方形內並將球交給站在 1 號小長方形內的學生，然後再安排「防守方」學生分別站在序號為偶數的 3 個小長方形內。

（2）教師鳴哨示意遊戲開始後，站在 1 號小長方形內的持球學生要反覆組織本組學生進行傳球配合，力爭多次將球射入球門內，而「防守方」學生則要透過積極防守力爭使「進攻方」不能進球或少進球。

（3）遊戲過程中，所有學生的活動範圍限定為各自所在的小長方形區域內，而且「進攻方」學生組織進攻時必須按照順序依次向前傳球。

（4）另外，在完成射門或球出了場地後，「進攻方」學生要迅速將球撿回並交給 1 號小長方形場地內的學生，由該學生持球重新開始組織本組進行傳球配合。

（5）待遊戲進行 5 分鐘後，教師安排「進攻方」學生和「防守方」學生互換遊戲角色和位置並重複上述遊戲內容直至遊戲結束。

（6）最後，依據各組的進球數量和學生的個人表現，教師對表現優異的組別和學生給予一定的鼓勵。

遊戲規則

（1）遊戲過程中，不得有意用手觸球，否則教師要予以制止並給予警告。

（2）若出現「進攻方」學生未按照順序依次向前傳球的情況，教師要判定「進攻方」學生的此次進攻為無效進攻。

（3）「進攻方」可多次實施進攻，但每次進攻的始發者必須為 1 號小長方形場地內的學生，否則教師要予以制止並給予警告。

（4）若出現學生離開自己所在的小長方形區域進行進攻或防守的情況，教師要予以制止並給予警告。

建　議

（1）遊戲過程中，教師應引導「進攻方」學生要積極左右移動避開「防守方」學生的防守，以此幫助「進攻方」學生提高傳球配合的成功率。

（2）待學生熟悉遊戲規則後，教師可適當擴大場地範圍並將每個小長方形內的人數由 1 人增加為 2 人，以此增加遊戲的難度。

遊戲點評

身體素質、技能目標							認知、情感、態度目標				
力量	耐力	柔韌性	敏捷性	平衡性	靈巧性	技術動作	愉快感	責任感	團結協作	自信心	努力程度
3	4	3	4	3	4	4	4	4	5	4	5

（南尚傑）

遊戲 7　多角度射門

遊戲目標

（1）身體素質、技能目標：培養傳球配合、射門及防守的能力；提高跑動能力。

（2）認知、情感、態度目標：體驗傳球配合、射門及防守的樂趣；提高跑位接應和防守的意識；增強射門意識；培養遵守規則的習慣和競爭意識。

遊戲準備

（1）在場地上用若干標誌碟規劃出 1 個邊長為 15 米的正方形場地，然後以 1 條邊線的中心點為圓心在場地內再用若干標誌碟規劃出 1 個半徑為 3 米的圓弧。

（2）在圓弧內將 3 個小球門擺放成等腰梯形形態。

（3）足球 1 個。

（4）教師講解遊戲規則並做示範，激發學生參與遊

戲的慾望和積極性。

遊戲方法

（1）將 6 名學生平均分成 2 組並分別指定為「進攻方」和「防守方」，安排「進攻方」學生持 1 個足球站在球門對面的邊線上，然後再安排「防守方」學生站位——2 名學生站在場地中間位置、另 1 名學生則站在球門前的圓弧內。

（2）教師鳴哨示意遊戲開始後，「進攻方」學生持球反覆發動進攻，這 3 名學生要力爭由傳球配合多次將球射入球門內，而「防守方」學生則要透過積極拼搶力爭使「進攻方」不能進球或少進球。

（3）遊戲過程中，「防守方」的 1 名學生的活動範圍限定為球門前的圓弧內，且同組的另外 2 名學生不得進入該區域。

（4）待遊戲進行 5 分鐘後，教師安排「進攻方」學生與「防守方」學生互換遊戲角色並重複上述遊戲內容直至遊戲結束。

（5）最後，依據各組的進球數量及學生的個人表現，教師對表現優異的組別和學生給予一定的鼓勵。

遊戲規則

（1）遊戲過程中，不得有意用手觸球且不得採用有可能傷害到他人的危險動作，否則教師要予以制止並給予警告。

（2）站在球門前圓弧內的 1 名「防守方」學生不得
離開該區域，否則教師要予以制止並給予警告。

（3）站在圓弧外側的 2 名「防守方」學生不得進入

圓弧內側，否則教師要予以制止並給予警告。

建 議

（1）遊戲開始前，教師應向學生介紹 3 打 2 的戰術技巧，以此保障學生能較好地參與到遊戲中。

（2）遊戲過程中，教師應引導學生利用 3 個球門成立體形態的特點進行多角度射門，以此提高學生的射門意識。

遊戲點評

身體素質、技能目標							認知、情感、態度目標				
力量	耐力	柔韌性	敏捷性	平衡性	靈巧性	技術動作	愉快感	責任感	團結協作	自信心	努力程度
4	4	3	4	3	4	4	3	4	4	4	4

（南尚傑）

遊戲 8　多球門傳球得分

遊戲目標

（1）身體素質、技能目標：培養運控球及傳球配合的能力；提高跑動能力。

（2）認知、情感、態度目標：體驗傳球配合和搶球的樂趣；幫助學生建立跑位接應和防守的意識；培養遵守規則的習慣和競爭意識。

遊戲準備

（1）在場地上用若干標誌碟規劃出 1 個長為 30 米和 20 米的長方形場地。

（2）在場地內用 14 個圓錐形標誌桶設置出 7 個小球門。

（3）在場地正中間位置擺放 2 個足球。

（4）教師講解遊戲規則並做示範，激發學生參與遊戲的慾望和積極性。

遊戲方法

（1）將 6 名學生平均分成 3 組，然後安排這 3 組學生面對場地在邊線上站好。

（2）教師鳴哨示意遊戲開始後，3 組學生出發開始爭搶場地內的 2 個足球，搶到球的組別可由運控球及傳球在場地內進行配合併力爭讓球多次穿過小球門以此獲得分數——球每穿過小球門 1 次即獲得 1 分，而沒有搶到球的那一組學生則要去爭搶其他組別的腳下控球，若搶下球也是要與同伴進行配合力爭讓球多次穿過小球門從而獲得分數。

（3）遊戲過程中，運球通過小球門的情況不能獲得分數，而且在同一個小球門處不能連續獲得分數。

（4）待遊戲進行 5 分鐘後，教師再次鳴哨示意遊戲結束。

（5）最後，依據各組的得分及學生的個人表現，教師對表現優異的組別和學生給予一定的鼓勵。

遊戲規則

（1）遊戲過程中，不得有意用手觸球且不得採用有可能傷害到他人的危險動作，否則教師要予以制止並給予警告。

（2）球出場地後，將球撿回的組別獲得該球的控球權。

（3）若出現運球通過小球門的情況，控制該球的組別不能獲得分數。

（4）若出現同組學生的傳球連續穿過同 1 個小球門的情況，則該組只能獲得 1 分。

建　議

（1）遊戲過程中，教師應引導學生多傳球並積極跑位接應同伴，以此提高學生傳球配合的意識。

（2）若男女學生混合參加該遊戲，教師可將女生每次得分的分值由 1 分增加至 2 分或 3 分，以此提高女生參加遊戲的積極性。

遊戲點評

身體素質、技能目標							認知、情感、態度目標				
力量	耐力	柔韌性	敏捷性	平衡性	靈巧性	技術動作	愉快感	責任感	團結協作	自信心	努力程度
4	5	4	4	4	5	5	4	4	5	4	5

（南尚傑）

遊戲 9　「盲人」對抗賽

遊戲目標

（1）身體素質、技能目標：培養踢球能力；鍛鍊學生的平衡能力。

（2）認知、情感、態度目標：體驗足球比賽的樂趣；增進學生之間的默契度；增強合作意識。

遊戲準備

（1）在場地上用若干標誌碟規劃出 1 個邊長為 30 米和 20 米的長方形場地，然後在長度較短的 2 條邊線的正中間位置各擺放 1 個球門。

（2）充氣量不足的足球 1 個。

（3）蒙眼布 8 條。

（4）教師講解遊戲規則並做示範，激發學生參與遊戲的慾望和積極性。

遊戲方法

（1）將 16 名學生平均分成 2 組，然後安排這 2 組學生面對面站立在兩側的球門前，並要求各組要分別指定本組的 4 名學生為「比賽隊員」，另外 4 名學生為「搭檔」，最後向各組的「比賽隊員」每人分發 1 條蒙眼布並要求其戴好蒙住自己的眼睛。

（2）教師將球拋入場內並鳴哨示意遊戲開始後，2 組學生開始搶球進行「盲人」足球對抗賽。

（3）遊戲過程中，只有各組戴蒙眼布的「比賽隊員」可以觸球，而「搭檔」的任務則是由語言提示、手拉手等方式引導本組的「比賽隊員」應如何進攻和防守。

（4）待遊戲進行 10 分鐘後，教師再次鳴哨示意遊戲結束。

（5）最後，依據各組的進球數量及學生的個人表現，教師對表現優異的組別和學生給予一定的鼓勵。

遊戲規則

（1）遊戲過程中，不得有意用手觸球且不得採用有可能傷害到他人的危險動作，否則教師要予以警告並判犯規由對方發任意球。

（2）除暫停時間以外，「比賽隊員」不得摘下蒙眼布，否則教師要予以警告並判犯規由對方發任意球。

（3）只有「比賽隊員」可以觸球，「搭檔」不得觸球且不得干擾對方，否則教師要予以警告並判犯規由對方發任意球。

（4）球出界後，由最後觸球者的對方將球擺放在出界處的邊線上並以踢球入場的方式恢復遊戲。

（5）一方進球後，另外一方要以在場地中間位置開球的方式恢復遊戲。

（6）遊戲暫停時，「比賽隊員」可以與本組的「搭檔」互換遊戲角色。

建 議

（1）遊戲開始前，教師應提示學生踢球時動作幅度不宜過大，以此避免安全事故的發生。

（2）該遊戲應使用大球門，以此降低進球難度，從而保障遊戲的趣味性。

（3）足球的充氣量應控制在 50%左右，以此減少出現球出界的情況，從而保障遊戲的持續性。

遊戲點評

身體素質、技能目標							認知、情感、態度目標				
力量	耐力	柔韌性	敏捷性	平衡性	靈巧性	技術動作	愉快感	責任感	團結協作	自信心	努力程度
4	4	3	4	4	3	3	5	4	3	5	5

（賈宏濤）

遊戲 10　無拼搶對抗賽

遊戲目標

（1）身體素質、技能目標：培養傳球配合的能力；鍛鍊學生的跑動能力。

（2）認知、情感、態度目標：體驗足球比賽的樂趣；瞭解足球比賽的基本規則；幫助學生建立跑位接應的意識；培養遵守規則的習慣和競爭意識。

遊戲準備

（1）在場地上用若干標誌碟規劃出 1 個邊長為 30 米和 20 米的長方形場地，然後再在 2 條長度較短的邊線的正中間位置各擺放 1 個球門。

（2）足球 1 個。

（3）教師講解遊戲規則並做示範，激發學生參與遊戲的慾望和積極性。

遊戲方法

（1）將 8 名學生平均分成 2 組，然後安排 2 組學生面對面站在兩側球門前。

（2）教師將球拋入場內並鳴哨示意遊戲開始後，場地內的 2 組學生開始進行 4 對 4 的小場地足球對抗賽。

（3）該遊戲與常規的小場地足球對抗賽有以下幾點特殊要求：一是各組不設定守門員，所有學生可在本方球

門前進行防守，但不得有意用手觸球；二是學生接停球後，對方學生不得爭搶該學生的腳下控球並要與其保持 1 米以上的距離；三是學生接停球後，該學生不得帶球移動且必須在 3 秒以內將球傳出。

（4）待遊戲進行了 10 分鐘後，教師再次鳴哨示意遊戲結束。

（5）最後，依據各組的進球數量及學生的個人表現，教師對表現優異的組別和學生給予一定的鼓勵。

遊戲規則

（1）遊戲過程中，不得有意用手觸球，否則教師要予以制止並給予警告。

（2）球出界後，由最後觸球者的對方將球擺放在出界處的邊線上並用腳踢入場地內恢復遊戲。

建　議

（1）遊戲開始前，教師應透過講解和演示，使學生瞭解到積極跑位接應的重要性，以此促進學生能較好地參與到遊戲中。

（2）由於降低了比賽難度，教師可安排男生和女生共同參加該遊戲。

遊戲點評

身體素質、技能目標						認知、情感、態度目標				
力量	耐力	柔韌性	敏捷性	平衡性	靈巧性	技術動作	愉快感	責任感	團結協作	自信心	努力程度
3	4	3	4	4	4	4	4	4	5	5	5

（賈宏濤）

遊戲 11 手拉手對抗賽

遊戲目標

（1）身體素質、技能目標：培養踢球、拼搶的能力；鍛鍊跑動能力。

（2）認知、情感、態度目標：體驗足球比賽的樂趣；幫助學生建立積極進攻和防守的意識；加深對足球比賽規則的理解；增強團隊協作的意識。

遊戲準備

（1）在場地上用若干標誌碟規劃出 1 個邊長為 30 米和 20 米的長方形場地，然後在長度較短的 2 條邊線的正中間位置各擺放 1 個球門。

（2）足球 1 個。

（3）教師講解遊戲規則並做示範，激發學生參與遊戲的慾望和積極性。

遊戲方法

（1）將 16 名學生平均分成 2 組，然後安排這 2 組學生面對面站在兩側球門前並要求每名學生必須與本組的另外 1 名學生手拉著手。

（2）教師將球拋入場內並鳴哨示意遊戲開始後，2 組學生開始搶球進行小場地足球對抗賽。

（3）該遊戲的玩法與常規的小場地足球對抗賽基本一致，只是有幾個特別要求：

一是不設定守門員，所有學生均可在本方球門前進行防守，但不得有意用手觸球；

二是所有學生必須是在與本組另外 1 名學生手拉著手的情況下方可觸球；

三是出現球出界的情況時，由最後觸球者的對方把足球擺放在出界處的邊線上以踢球入場的方式恢復遊戲，並且踢球入場時踢球人也必須與本組另外 1 名學生手拉著手。

（4）待遊戲進行 10 分鐘後，教師再次鳴哨示意遊戲結束。

（5）最後，依據各組的進球數量及學生的個人表現，教師對表現優異的組別和學生給予一定的鼓勵。

遊戲規則

（1）遊戲過程中，不得有意用手觸球且不得採用有可能傷害到他人的危險動作，否則教師要予以警告並判犯規由對方發任意球。

（2）不得在與本組學生鬆手的情況下觸球，否則教師要判犯規由對方發任意球。

（3）一方進球後，另外一方要以在場地中間位置開球的方式恢復遊戲。

（4）可以隨時更換手拉手的同伴。

建 議

（1）該遊戲應使用大球門，以此降低進球難度，從而保障學生能較好地體驗到足球比賽的樂趣。

（2）遊戲開始初期，若出現難以進球的情況，教師可在球門前設定小禁區並要求學生在防守時不得進入本方球門前的小禁區內，以此降低進球難度。

（3）待學生熟悉遊戲規則後，教師可安排各組設定守門員或要求學生只能用左腳觸球，以此增加遊戲的難度。

遊戲點評

身體素質、技能目標							認知、情感、態度目標				
力量	耐力	柔韌性	敏捷性	平衡性	靈巧性	技術動作	愉快感	責任感	團結協作	自信心	努力程度
4	5	3	4	4	4	4	5	5	5	4	5

（賈宏濤）

遊戲 12　向自由控球人傳球

遊戲目標

（1）身體素質、技能目標：培養傳球和跑位接應的能力；提高跑動能力。

（2）認知、情感、態度目標：體驗參加足球比賽的樂趣；幫助學生建立傳球和跑位接應的意識；提高團隊協作的意識；培養遵守規則的習慣和競爭意識。

遊戲準備

（1）在場地上用若干標誌碟規劃出 1 個邊長為 30 米和 20 米的足球比賽場地，然後在兩側底線正中間各擺放 1 個球門。

（2）在比賽場地正中間位置用若干標誌碟規劃出 2 個間隔距離為 5 米、邊長為 2 米和 8 米的長方形，並指定這 2 個長方形區域為「自由控球區」。

（3）足球 1 個。

（4）教師講解遊戲規則並做示範，激發學生參與遊戲的慾望和積極性。

遊戲方法

（1）將 8 名學生平均分成 2 組，先安排 2 組學生面對面站在場地兩側，然後要求各組分別指定本組的 1 名學生為「自由控球人」並安排這 2 名「自由控球人」分別站

在「自由控球區」內。

（2）教師將球拋入場內並鳴哨示意遊戲開始後，場地內的 2 組學生開始進行 4 對 4 的足球對抗賽。

（3）該遊戲相比常規的 4 對 4 的對抗賽有以下幾點特殊要求：一是判罰犯規後的任意球由各組的「自由控球人」以將球踢出「自由控球區」的方式進行；二是各組「自由控球人」的活動範圍限定為各自所在的「自由控球區」且其他學生不得進入該區域內；三是「自由控球人」在「自由控球區」內的控球時間限定為 10 秒；四是「自由控球人」不能直接射門得分；五是不設定守門員，除「自由控球人」外其他學生均可站在本方球門前進行防守，但不得有意用手觸球。

（4）待遊戲進行 10 分鐘後，教師再次鳴哨示意遊戲結束。

（5）最後，依據各組的進球數量及學生的表現情況，教師對表現優異的組別和學生給予一定的鼓勵。

遊戲規則

（1）遊戲過程中，不得有意用手觸球且不得採用有可能傷害到他人的危險動作，否則教師要予以制止並給予警告。

（2）「自由控球人」不得離開自己所在的「自由控球區」且其他學生不得進入該區域，否則教師要予以制止並給予警告。

（3）「自由控球人」可在「自由控球區」內控球，但控球時間不得超過 10 秒，否則教師要予以制止並給予

警告。

（4）若「自由控球人」直接將球射入對方球門，教師要判該進球無效。

（5）各組的「自由控球人」可隨時與本組的其他學生互換遊戲角色，但每個「自由控球區」內只能有 1 名學生，否則教師要予以制止並給予警告。

（6）球出界後，由最後觸球者的對方將球擺放在出界處的邊線上並以將球踢入場內的方式恢復比賽。

建　議

（1）遊戲過程中，教師應引導學生圍繞「自由控球人」展開進攻，以此幫助學生提高傳球和進攻的成功率。

（2）若有女生參加該遊戲，教師可指定女生為「自由控球人」，以此提高女生參加足球比賽的積極性。

（3）待學生熟悉遊戲規則後，教師可安排各組設定 1 名學生為守門員或縮小「自由控球區」的範圍，以此增加遊戲的難度。

遊戲點評

身體素質、技能目標							認知、情感、態度目標				
力量	耐力	柔韌性	敏捷性	平衡性	靈巧性	技術動作	愉快感	責任感	團結協作	自信心	努力程度
4	5	4	4	4	4	4	5	5	5	4	5

（南尚傑）

遊戲 13　避難所對抗賽

遊戲目標

（1）身體素質、技能目標：培養傳球配合和防守的能力；鍛鍊跑動能力。

（2）認知、情感、態度目標：體驗足球比賽的樂趣；瞭解足球比賽的基本規則；增強跑動接應和搶球的意識；培養遵守規則的習慣和競爭意識。

遊戲準備

（1）在場地上用若干標誌碟規劃出 1 個邊長為 30 米和 20 米的長方形場地，然後在長度較短的 2 條邊線的正中間位置各擺放 1 個球門。

（2）用若干標誌碟在場地正中間位置規劃出 2 個並排的邊長為 2 米的正方形並設定這 2 個正方形為「避難所」。

（3）足球 1 個。

（4）教師講解遊戲規則並做示範，激發學生參與遊戲的慾望和積極性。

遊戲方法

（1）將 8 名學生平均分成 2 組，然後安排這 2 組學生面對面站在兩側球門前。

（2）教師將球拋入場地內並鳴哨示意遊戲開始，場

地內的 2 組學生開始爭搶足球進行 4 對 4 的小場地足球對抗賽。

（3）該遊戲相比常規的小場地足球對抗賽有以下幾點特殊要求：

一是不設定守門員，所有學生均可在本方球門前進行防守，但不得有意用手觸球；

二是各組要分別指定本組的 1 名學生為「自由控球人」，該學生要站在本方半場一側的「避難所」內；

三是除各組的「自由控球人」外其他學生不得進入「避難所」內；

四是「自由控球人」只能在「避難所」內觸球且在「避難所」內的控球時間限定為 5 秒。

（4）待遊戲進行 10 分鐘後，教師再次鳴哨遊戲結束。

（5）最後，依據各組的進球數量及學生的個人表現，教師對表現優異的組別和學生給予一定的鼓勵。

遊戲規則

（1）遊戲過程中，不得有意用手觸球且不得採用有可能傷害到他人的危險動作，否則教師要予以制止並給予警告。

（2）各組可隨時更換本組「避難所」內的「自由控球人」。

（3）「自由控球人」不得在「避難所」以外的區域觸球，否則教師要將控球權判給對方。

（4）若「自由控球人」在「避難所」內的控球時間超過了 5 秒，教師要將控球權判給對方。

（5）不得進入「避難所」內爭搶「自由控球人」的

腳下控球，否則教師要予以制止並給予警告。

（6）球出界後，由最後觸球者的對方將足球擺放在出界處的邊線上並用踢球入場的方式恢復遊戲。

建　議

（1）遊戲開始前，教師應組織學生進行演練，使學生充分瞭解遊戲規則及「避難所」的作用。

（2）遊戲過程中，教師應引導學生積極向本組的「自由控球人」傳球，以此提高遊戲的延續性和傳球成功率。

（3）為增加遊戲的進球數量，教師可將各組的「避難所」的位置調整至對方的球門前。

遊戲點評

身體素質、技能目標							認知、情感、態度目標				
力量	耐力	柔韌性	敏捷性	平衡性	靈巧性	技術動作	愉快感	責任感	團結協作	自信心	努力程度
4	5	3	4	3	4	5	4	4	5	4	5

（南尚傑）

遊戲 14　隨時待機

遊戲目標

（1）身體素質、技能目標：培養傳球配合的能力；

提高跑動能力。

（2）認知、情感、態度目標：體驗足球比賽的樂趣；增強快速傳球和射門的意識；培養遵守規則的習慣和競爭意識。

遊戲準備

（1）在場地上用若干標誌碟規劃出 1 個邊長為 20 米和 10 米的長方形場地，然後在 2 條長度較短邊線的正中間位置各擺放 1 個球門。

（2）足球 1 個。

（3）教師講解遊戲規則並做示範，激發學生參與遊戲的慾望和積極性。

遊戲方法

（1）將 8 名學生平均分成 2 組，先要求各組分別指定本組的 1 名學生為「機動隊員」並安排其站在場地外側，然後再安排各組剩下的學生面對面分別站在場地兩側的球門前。

（2）教師將球拋入場地內並鳴哨示意遊戲開始後，2 組學生開始搶球進行 4 對 4 的小場地足球對抗賽。

（3）與常規的小場地足球對抗賽相比，該遊戲有幾個特殊要求：一是各組的「機動隊員」只能在本組獲得控球權後方可進入場地參與比賽，而當本組失去控球權後則要立即停止參與比賽的行為並迅速離開場地到場外等待；二是各組不設守門員，所有學生均可站在本方球門前進

行防守，但不得有意用手觸球。

（4）遊戲進行 10 分鐘後，教師再次鳴哨示意遊戲結束。

（5）最後，依據各組的進球數量和學生個人表現，教師對表現優異的組別和學生給予一定的鼓勵。

遊戲規則

（1）遊戲過程中，不得有意用手觸球且不得採用有

可能傷害到他人的危險動作，否則教師要予以制止並給予警告。

（2）當本組獲得控球權後，該組的「機動隊員」方可進入場地參與比賽，否則教師要予以制止並給予警告。

（3）當本組失去控球權後，該組的「機動隊員」要立即停止參與比賽的行為並迅速離開場地到場外等待，否則教師要予以制止並給予警告。

（4）球出界後，由最後觸球者的對方將球擺放在出界處的邊線上並以踢球入場的方式恢復遊戲。

建議

（1）遊戲過程中，教師應引導各組的「機動隊員」要始終站在對方球門附近並提示其他學生在搶下對方的控球後要迅速向本組的「機動隊員」傳球，以此幫助學生創造出更多的射門機會。

（2）若有女生參加該遊戲，教師可在核算進球數量時將女生的進球數量予以翻倍，以此調動女生參加遊戲的積極性。

遊戲點評

身體素質、技能目標							認知、情感、態度目標				
力量	耐力	柔韌性	敏捷性	平衡性	靈巧性	技術動作	愉快感	責任感	團結協作	自信心	努力程度
4	5	3	4	3	4	4	4	4	4	4	5

（南尚傑）

遊戲 15　四球門男女混合戰

遊戲目標

（1）身體素質、技能目標：培養比賽能力；提高跑動能力。

（2）認知、情感、態度目標：體驗足球比賽的樂趣；瞭解足球比賽的基本規則；提高學生尤其是女生參加足球運動的興趣；培養遵守規則的習慣和競爭意識。

遊戲準備

（1）在場地上用若干標誌碟規劃出 1 個邊長為 30米和 20 米的足球比賽場地，然後在兩條底線上各擺放 2個球門並指定 2 個球門為女生專用球門、另外 2 個為男女學生共用球門。

（2）足球 1 個。

（3）教師講解遊戲規則並做示範，激發學生參與遊

戲的慾望和積極性。

遊戲方法

（1）安排 6 名女生和 6 名男生進入比賽場地，然後再將這 12 名學生平均分成 2 組，要求各組必須有 3 名女生並指定 1 名男生為守門員。

（2）教師將球拋入場內並鳴哨示意遊戲開始後，2 組學生開始進行 6 對 6 的足球對抗賽。

（3）該遊戲相比常規的小場地足球對抗賽有以下幾點特殊要求：一是女生可以用手保護自己的頭部；二是各組的守門員要守衛本組的 2 個球門；三是女生將球射入對方 2 個球門內都可以獲得分數，而男生只能將球射入對方的男女生共用球門內才能獲得分數。

（4）待遊戲進行 10 分鐘後，教師再次鳴哨示意遊戲結束。

（5）最後，依據各組的進球數量及學生的表現，教師對表現優異的組別和學生給予一定的鼓勵。

遊戲規則

（1）遊戲過程中，不得採用有可能傷害到他人的危

險動作，否則教師要予以警告並判犯規。

（2）除守門員在罰球區內及女生為保護自己的頭部可以用手觸球外，其他情況不得有意用手觸球，否則教師要判犯規。

（3）若男生將球射入對方的女生專用球門，教師要判該進球無效。

（4）球出界後，由最後觸球者的對方將球擺放在出界處的邊線上並以踢球入場的方式恢復遊戲。

建　議

（1）遊戲過程中，教師應引導男生積極為女生創造射門得分的機會，以此提高女生參與遊戲的積極性並獲得更高的分數。

（2）待學生熟悉遊戲規則後，教師可透過調整遊戲規則增加遊戲難度，如限定男生只能使用左腳觸球、各組可指定 2 名學生為守門員等。

遊戲點評

身體素質、技能目標							認知、情感、態度目標				
力量	耐力	柔韌性	敏捷性	平衡性	靈巧性	技術動作	愉快感	責任感	團結協作	自信心	努力程度
5	5	4	4	3	4	4	4	4	4	4	5

（南尚傑）

遊戲 16　大門套小門男女混合戰

遊戲目標

（1）身體素質、技能目標：培養學生的比賽能力；提高跑動能力。

（2）認知、情感、態度目標：體驗足球比賽的樂趣；加深對足球比賽規則的理解；提高學生尤其是女生參加足球比賽的興趣；培養遵守規則的習慣和競爭意識。

遊戲準備

（1）在場地上用若干標誌碟規劃出 1 個邊長為 30 米和 20 米的足球比賽場地。

（2）在場地兩側底線正中間各擺放 1 個大足球門，然後分別在 2 個大足球門內側正中間位置用 2 個標誌桶各規劃出 1 個小足球門。

（3）足球 1 個。

（4）教師講解遊戲規則並做示範，激發學生參與遊戲的慾望和積極性。

遊戲方法

（1）安排 6 名女生和 6 名男生進入比賽場地，然後再將這 12 名學生平均分成 2 組，要求各組必須有 3 名女生。

（2）教師將球拋入場內並鳴哨示意遊戲開始後，2

組學生開始進行 6 對 6 的足球對抗賽。

　　（3）該遊戲相比常規的小場地足球對抗賽有以下幾點特殊要求：第一，女生可以為保護自己的頭部用手觸球；第二，各組不設定守門員，學生可站在本方球門前進行防守，但不得有意用手觸球；第三，女生無論是將球射入對方的大球門還是小球門，該女生所在組別每次獲得的分數為 2 分，而男生只有將球射入對方的小球門，該男生所在組別才能獲得分數，每次獲得的分數為 1 分。

　　（4）待遊戲進行 10 分鐘後，教師再次鳴哨示意遊戲結束。

（5）最後，教師根據各組的得分情況及學生的表現，對表現優異的組別和學生給予一定的鼓勵。

遊戲規則

（1）遊戲過程中，不得採用有可能傷害到他人的危險動作，否則教師要予以制止並給予警告。

（2）除女生為保護頭部可以用手觸球外，其他情況不得有意用手觸球，否則教師要予以制止並給予警告。

（3）球出界後，由最後觸球者的對方將球擺放在出界處的邊線上並以將球踢入場內的方式恢復比賽。

建 議

（1）遊戲過程中，教師應引導男生積極為女生創造射門得分的機會，以此提高女生參與比賽的積極性並獲得更高的分數。

（2）待學生熟悉遊戲規則後，教師可透過調整遊戲規則增加遊戲難度，如限定男生只能使用左腳踢球、各組可指定 1 名學生為守門員等。

遊戲點評

身體素質、技能目標							認知、情感、態度目標				
力量	耐力	柔韌性	敏捷性	平衡性	靈巧性	技術動作	愉快感	責任感	團結協作	自信心	努力程度
4	5	4	4	3	4	4	4	4	4	4	5

（南尚傑）

遊戲 17　向邊路傳球

遊戲目標

（1）身體素質、技能目標：培養學生的比賽能力；提高跑動能力。

（2）認知、情感、態度目標：體驗足球比賽的樂趣；幫助學生建立利用場地寬度進行比賽的習慣；培養遵守規則的習慣和競爭意識。

遊戲準備

（1）設定 5 人制足球比賽場地為遊戲活動區域，然後沿 2 條邊線在場地外側用若干標誌碟分別規劃出 2 個寬為 1 米的長方形。

（2）足球 1 個。

（3）教師講解遊戲規則並做示範，激發學生參與遊戲的慾望和積極性。

遊戲方法

（1）將 12 名學生平均分成 2 組，然後安排 2 組學生面對面站在場地兩側並要求各組要分別指定本組的 1 名學生為「邊路接應隊員」。

（2）教師將球拋入場地內並示意遊戲開始後，2 組學生在場地內開始搶球進行 6 對 6 的小場地足球對抗賽。

（3）與常規的小場地對抗賽相比，該遊戲有幾個特殊要求：一是各組必須安排本組的「邊路接應隊員」站在本組進攻方向的右側（也可以統一要求為左側）的「邊路接應區」內；二是各組「邊路接應隊員」的活動區域限定為各自所在的「邊路接應區」內且其他學生不得進入該區域內；三是各組不設定守門員，所有學生均可站在本方球門前進行防守，但不得有意用手觸球。

（4）待遊戲進行 10 分鐘後，教師再次鳴哨示意遊戲結束。

（5）最後，依據各組的進球數量及學生的個人表現，教師對表現優異的組別和學生給予一定的鼓勵。

接應隊員

遊戲規則

（1）遊戲過程中，不得有意用手觸球且不得採用有可能傷害到他人的危險動作，否則教師要予以制止並給予警告。

（2）各組指定的「邊路接應隊員」不得離開各自所在的「邊路接應區」，否則教師要予以制止並給予警告。

（3）不是「邊路接應隊員」的學生不得進入「邊路接應區」內，否則教師要予以制止並給予警告。

（4）「邊路接應隊員」可在各自的「邊路接應區」內隨意移動和觸球，但在「邊路接應區」內的控球時間限

定為 5 秒內，否則教師要予以制止並給予警告。

（5）「邊路接應隊員」可以隨時與本組的其他學生互換遊戲角色。

建　議

（1）遊戲開始前，教師應組織學生進行演練，幫助學生瞭解遊戲規則及「邊路接應區」的作用。

（2）遊戲過程中，教師應引導和鼓勵學生多向「邊路接應隊員」傳球，幫助學生建立利用場地寬度進行比賽的習慣。

遊戲點評

身體素質、技能目標							認知、情感、態度目標				
力量	耐力	柔韌性	敏捷性	平衡性	靈巧性	技術動作	愉快感	責任感	團結協作	自信心	努力程度
4	5	3	4	4	4	4	4	5	4	4	5

（南尚傑）

遊戲 18　圍圈擲球

遊戲目標

（1）身體素質、技能目標：培養學生擲界外球和躲閃的能力；鍛鍊上肢力量。

（2）認知、情感、態度目標：體驗擲球擊中目標的

樂趣；領會擲界外球技術動作的要點；培養遵守規則的習慣。

遊戲準備

（1）在場地上用若干標誌碟規劃出 1 個半徑為 3 米的圓圈。

（2）足球 5 個。

（3）教師講解遊戲規則並做示範，激發學生參與遊戲的慾望和積極性。

遊戲方法

（1）將 12 名學生平均分成 2 組並分別指定為「獵人組」和「獵物組」，然後安排「獵人組」學生分散站在圓圈的周圍，而「獵物組」學生則站在圓圈內。

（2）教師將球交給「獵人組」學生並鳴哨示意遊戲開始後，「獵人組」學生要反覆以擲界外球方式進行傳球配合並力爭多次用球擊中圓圈內「獵物組」學生的腿部——每擊中 1 次得 1 分，而「獵物組」學生則要始終留在圓圈內以積極移動力爭不被球擊中。

（3）遊戲過程中，除撿球的情況外，「獵人組」學生不得進入圓圈內，而且「獵人組」學生的每次擲球必須是在圓圈外側完成。

（4）待遊戲進行 3 分鐘後，教師安排「獵人組」學生和「獵物組」學生互換遊戲角色和遊戲位置並重複上述遊戲內容直至遊戲結束。

（5）最後，依據各組的得分及學生的個人表現，教師對表現優異的組別和學生給予一定的鼓勵。

遊戲規則

（1）遊戲過程中，「獵人組」學生必須以擲界外球的方式進行擲球，否則教師要予以制止並給予警告。

（2）「獵物組」學生不得離開圓圈且不得有意將球破壞至遠處，否則教師要予以制止並給予警告。

●半徑3米

（3）「獵人組」學生必須站在圓圈外側方可向圓圈內擲球，否則教師要予以制止並給予警告。

（4）球只有擊中了「獵物組」學生的腿部，「獵人組」學生才能獲得分數。

建　議

（1）遊戲開始前，教師應組織學生進行擲界外球練習，以此保障學生能較好地參與到遊戲中。

（2）遊戲過程中，教師應引導「獵人組」學生積極進行傳球配合，以此幫助其提高擊中目標的概率。

遊戲點評

身體素質、技能目標							認知、情感、態度目標				
力量	耐力	柔韌性	敏捷性	平衡性	靈巧性	技術動作	愉快感	責任感	團結協作	自信心	努力程度
4	4	4	5	4	4	5	4	4	4	5	4

（王英梅）

遊戲 19　看誰擲得遠

遊戲目標

（1）身體素質、技能目標：提高擲界外球的能力；培養腰部和手臂協調發力的能力。

（2）認知、情感、態度目標：體驗將球擲向遠處的樂趣；領會擲界外球技術動作的要點；培養遵守規則的習慣和競爭意識。

遊戲準備

（1）在場地上用若干標誌碟規劃出 1 個圓心角為 40°、半徑 12 米的扇形，然後在扇形內部再用若干標誌碟依次規劃出刻度。

（2）足球 6 個。

（3）教師講解遊戲規則並做示範，激發學生參與遊戲的慾望和積極性。

遊戲方法

（1）將 12 名學生平均分成 2 組並分別指定為「擲球組」和「撿球組」，先安排「擲球組」學生每人持 1 球面對扇形場地站在圓心點後面排成一路縱隊，然後再安排「撿球組」學生站在扇形場地內承擔撿球的任務。

（2）教師示意遊戲開始後，「擲球組」學生要按照順序逐一站在扇形圓心點後面盡力向扇形場地內擲球──

擲球動作要符合足球比賽擲界外球規則的要求，然後撿球到本組排尾處站好等待下一次擲球，而「撿球組」學生則要幫助「擲球組」學生將球撿回。

（3）待遊戲進行 5 分鐘後，教師安排兩組學生互換遊戲角色和位置並重複上述遊戲內容直至遊戲結束。

（4）最後，依據各學生擲球的遠度，教師對表現優異的學生給予一定的鼓勵。

遊戲規則

（1）遊戲過程中，必須雙手持球，而且必須將球舉至頭部後上方後方可發力擲球，否則教師要告知此次擲球為違例。

（2）擲球時，若出現單腳或雙腳離開地面的情況，教師要告知此次擲球為違例。

（3）擲球時，若出現將球擲向不是自己身體正對方向的情況，教師要告知此次擲球為違例。

（4）擲球時，若出現動作中途停頓的情況，教師要告知此次擲球為違例。

建　議

（1）遊戲開始前，教師應組織學生進行演練，以此幫助學生充分瞭解擲界外球的動作要求。

（2）遊戲過程中，教師應提示「撿球組」學生要保持注意力集中，以此避免安全事故的發生。

（3）遊戲過程中，教師應提示「擲球組」學生要從

身體的下部開始發力，以此促進學生更好地領會擲界外球技術動作的要領。

遊戲點評

身體素質、技能目標							認知、情感、態度目標				
力量	耐力	柔韌性	敏捷性	平衡性	靈巧性	技術動作	愉快感	責任感	團結協作	自信心	努力程度
4	2	3	3	4	3	5	3	3	3	4	3

（王英梅）

遊戲 20　頭部「夾」球接力

遊戲目標

（1）身體素質、技能目標：培養學生用頭部頂球的能力；提高側向移動的能力。

（2）認知、情感、態度目標：體驗與同伴共同完成遊戲的樂趣，以及用頭部前額部位觸球的感覺；培養敢於用頭部頂球的勇氣；提高學生之間的默契度。

遊戲準備

（1）在場地上用若干標誌碟規劃出 2 條長為 3 米、間隔距離為 15 米的平行線，然後將這 2 條直線分別指定為出發線和折返線。

（2）足球 2 個。

（3）教師講解遊戲規則並做示範，激發學生參與遊戲的慾望和積極性。

遊戲方法

（1）將 12 名學生平均分成 2 組，然後安排各組面對折返線在出發線後面分別排成 2 路縱隊，要求各組之間的間隔距離為 1 米，最後向每組排頭的 2 名學生分別發 1 個足球。

折返線

（2）教師鳴哨示意遊戲開始後，各組排頭的 2 名學生要以頭部「夾」球的形式向折返線處移動，在到達折返線處後這 2 名學生同樣也是要以頭部「夾」球的形式原路返回並在到達出發線處後將足球交給本組後面的學生，然後到本組的排尾處站好等待，此後各組後面的學生按照上述要求依次完成遊戲內容。

（3）遊戲過程中，要求各組學生不得用手觸碰「夾」在 2 人頭部之間的足球，而且移動過程中若出現球落地的情況，要在球落地處重新將球「夾」住後方可繼續移動。

（4）待所有學生都完成了遊戲內容後，教師再次鳴哨示意遊戲結束。

（5）最後，依據各組完成遊戲內容的先後順序，教師對表現優異的組別給予一定的鼓勵。

遊戲規則

（1）遊戲過程中，2 名學生必須用頭部將球「夾」住後方可進行移動，否則教師要予以制止並給予警告。

（2）移動過程中，不得用手觸碰「夾」在 2 人頭部之間的足球，否則教師要予以制止並給予警告。

（3）移動過程中，若出現球落地的情況，必須在球落地處重新將球「夾」住後方可繼續移動，否則教師要予以制止並給予警告。

（4）必須雙腳越過折返線後方可返回，否則教師要予以制止並給予警告。

建議

（1）遊戲開始前，教師應要求戴眼鏡學生將眼鏡摘下後方可進行該遊戲，以此避免安全事故的發生。

（2）遊戲開始前，教師應組織學生進行演練，以此幫助學生建立必要的默契度。

遊戲點評

身體素質、技能目標							認知、情感、態度目標				
力量	耐力	柔韌性	敏捷性	平衡性	靈巧性	技術動作	愉快感	責任感	團結協作	自信心	努力程度
3	3	2	4	3	3	3	4	4	5	4	4

（王英梅）

第三部分

適合國小
5～6 年級學生的
足球遊戲

一

培養學生
身體素質的遊戲

遊戲 1　搶占「空壘」

遊戲目標

（1）身體素質、技能目標：培養快速移動、急停和急轉的能力；鍛鍊反應能力和觀察能力。

（2）認知、情感、態度目標：體驗參與團隊遊戲活動的樂趣；提高學生之間的默契度；培養遵守規則的習慣和競爭意識。

遊戲準備

（1）在場地上用 13 個標誌碟規劃出 1 個半徑為 3 米（公尺）的圓圈，然後設定圓圈上的標誌碟為「堡壘」。

（2）教師講解遊戲規則並做示範，激發學生參與遊戲的慾望和積極性。

遊戲方法

（1）將 13 名學生帶入場內，先指定 1 名學生為「搶壘者」並安排其站在圓圈的中間位置，然後再安排剩

下的 12 名學生每人對應 1 個標誌碟面向圓心站好並指定這些學生為「護壘者」。

（2）教師鳴哨示意遊戲開始後，「搶壘者」要以積極跑動力爭搶占到由於「護壘者」人數與「堡壘」數量不匹配而出現的「空壘」，而「護壘者」則要沿逆時針方向（也可要求沿順時針方向）依次移動力爭先於「搶壘者」到達「空壘」位置從而達到保護「堡壘」的目的。

（3）遊戲過程中，若「搶壘者」搶占「空壘」成功，則「搶壘者」要與沒有及時補位導致該「空壘」被搶占的「護壘者」互換遊戲角色和位置，然後按照上述遊戲要求繼續進行遊戲。

（4）待遊戲進行 1 0 分鐘後，教師再次鳴哨示意遊戲結束。

（5）最後，依據學生的個人表現，教師對表現優異的學生給予一定的鼓勵。

●半徑3米

遊戲規則

（1）遊戲過程中，每個「堡壘」位置上只能站位 1 名「護壘者」，否則教師要予以制止並給予警告。

（2）「護壘者」必須按照順序沿逆時針方向依次移動，否則教師要予以制止並給予警告。

（3）「搶壘者」與「護壘者」要注意各自的動作，若出現比較危險的動作，教師要予以制止並給予警告。

（4）若「搶壘者」的腳先於「護壘者」的腳觸碰到「空壘」標誌碟，即意味「搶壘者」搶占「空壘」成功。

建議

（1）遊戲過程中，教師應提示學生「空壘」多出現在「搶壘者」的身後，以此幫助學生發現遊戲的規律。

（2）遊戲進行一段時間後，教師可將「護壘者」的移動方向改為順時針方向。

（3）待學生熟悉遊戲規則後，教師可適當減少學生人數或增加圓圈的半徑，以此增加學生在遊戲過程中的移動距離。

遊戲點評

身體素質、技能目標							認知、情感、態度目標				
力量	耐力	柔韌性	敏捷性	平衡性	靈巧性	技術動作	愉快感	責任感	團結協作	自信心	努力程度
3	3	2	4	3	3	2	4	3	4	4	4

（張川）

遊戲 2 拋球換位

遊戲目標

（1）身體素質、技能目標：提高上肢力量及快速移動能力；培養接高空球的能力；鍛鍊耐力。

（2）認知、情感、態度目標：體驗與同伴協作配合的樂趣；加強對團隊合作的理解；提高學生之間的默契

度；培養競爭意識和遵守規則的習慣。

遊戲準備

（1）在場地上分別用 4 個標誌碟規劃出 2 條長為 6 米、間隔距離為 3 米的平行線，要求每條線上標誌碟之間的間隔距離為 2 米且 2 條直線上的標誌碟要對應擺放。

（2）足球 8 個。

（3）教師講解遊戲規則並做示範，激發學生參與遊戲的慾望和積極性。

遊戲方法

（1）將 8 名學生平均分成 4 組，然後安排各組的 2 名學生每人持 1 個足球，分別對應 1 個標誌碟，平行站在 2 條直線上。

（2）教師鳴哨示意遊戲開始後，同組的 2 名學生同時用力將球向空中拋出，然後 2 人力爭以最快的速度移動到同伴的位置並接住同伴的拋球。此後各組學生按照上述要求繼續重複遊戲內容直至遊戲結束。

（3）遊戲過程中，各組的每名學生每接住 1 次同伴的拋球，該組即獲得 1 分，而且各組學生在每次拋球互換位置過程中必須要擊掌 1 次。

（4）待遊戲進行 3 分鐘後，教師再次鳴哨示意遊戲結束。

（5）最後，依據各組的得分及學生的個人表現，教師對表現優異的組別和學生給予一定的鼓勵。

遊戲規則

（1）遊戲過程中，必須要站在標誌碟附近方可進行拋球，否則此次拋球不能得分。

（2）每次互換位置過程中，同組的 2 名學生必須要擊掌 1 次，否則教師要予以制止並給予警告。

（3）互換位置後，必須接住同伴的拋球才能得分。

建 議

（1）在遊戲開始前，教師應組織學生進行演練，以此幫助學生掌握遊戲的技巧。

（2）遊戲過程中，教師應提示學生在互換位置過程中一定要進行擊掌，以此避免安全事故的發生。

（3）待學生熟悉遊戲規則後，教師可根據情況適當增加遊戲難度，如要求學生在拋球後原地轉一周再互換位置接球、拋球後採用側身移動的方式等。

遊戲點評

身體素質、技能目標						認知、情感、態度目標				
力量	耐力	柔韌性	敏捷性	平衡性	靈巧性	技術動作	愉快感	責任感	團結協作	自信心	努力程度
5	5	4	4	4	5	4	4	5	5	4	5

（徐兵）

遊戲 3 抓同號人

遊戲目標

（1）身體素質、技能目標：提高跑動能力；培養快速反應能力。

（2）認知、情感、態度目標：體驗相互追逐的樂趣；塑造積極樂觀的心態；培育競爭意識和遵守規則的習慣。

遊戲準備

（1）在場地上用若干標誌碟規劃出 1 個半徑為 4 米的圓圈。

（2）教師講解遊戲規則並做示範，激發學生參與遊戲的慾望和積極性。

遊戲方法

（1）安排 12 名學生以標誌碟為基準圍成 1 個圓圈，然後組織學生進行 1～3 報數並要求學生牢記自己的序號。

（2）教師鳴哨示意遊戲開始後，全體學生按照順序沿逆時針方向（也要求為順時針方向）圍繞圓圈進行慢跑，大約 30 秒後教師大聲喊出一個序號，不是該序號的學生要立即停止跑動並原地站好，而該序號的學生則要繼續跑動併力爭以最快的速度沿圓圈外沿跑動一週後回到自

己原來的位置站好，若在跑回原位之前被後面的同號學生「抓」住──後面的學生用手觸碰到前邊同號學生的身體即可，則被「抓」的學生要接受諸如俯地挺身、蹲起的懲罰。

（3）此後，教師安排學生歸位站好，並按照上述要求繼續組織遊戲。

（4）待遊戲進行 3 分鐘後，教師再次鳴哨示意遊戲結束。

（5）最後，依據學生的個人表現，教師對表現優異的學生給予一定的鼓勵。

遊戲規則

（1）遊戲過程中，必須按照順序及教師規定的方向和路線進行跑動，否則教師要予以制止並給予警告。

（2）教師喊出序號後，非該序號的學生要立即停止跑動並原地站好不得干擾繼續跑動的學生，否則教師要予以制止並給予警告。

（3）「抓」前面的同號學生時，不得採用有可能傷害到對方的危險動作，否則教師要予以制止並給予警告。

建 議

（1）教師可適當增加遊戲的持續時間，但應控制在 6 分鐘以內，否則學生的跑動強度會較大。

（2）教師可根據情況適當增加圓圈的半徑，以此增加學生在參與遊戲過程中的跑動距離。

● 半徑4米

遊戲點評

身體素質、技能目標							認知、情感、態度目標				
力量	耐力	柔韌性	敏捷性	平衡性	靈巧性	技術動作	愉快感	責任感	團結協作	自信心	努力程度
2	4	2	3	3	3	2	3	3	3	3	4

（徐兵）

遊戲 4　拉網抓魚

遊戲目標

（1）身體素質、技能目標：提高跑動和躲閃的能力；培養快速反應能力。

（2）認知、情感、態度目標：體驗相互追逐跑的樂趣；提高遵守規則的意識；增強競爭意識。

遊戲準備

（1）在場地上用若干標誌碟規劃出 1 個邊長為 10 米的正方形。

（2）教師講解遊戲規則並做示範，激發學生參與遊戲的慾望和積極性。

遊戲方法

（1）安排 12 名學生進入正方形場地內，教師先指

定 2 名學生為「漁夫」，然後再在剩餘的學生中指定 4 名學生為「魚」，要求「漁夫」不得知道哪 4 名學生是「魚」。

（2）教師鳴哨示意遊戲開始後，2 名「漁夫」要手拉著手追趕並力爭「兜」住場地內的學生，而場地內的學生則要透過積極跑動躲避「漁夫」的追趕，若有學生被「兜」住，則該學生要大聲向全體學生告知自己是否是「魚」後到場地外側站好等待，此後場地內的學生按照上述要求繼續進行遊戲。

（3）待場地內所有的「魚」都被「兜」住後，教師再次鳴哨示意遊戲結束。

（4）最後，依據學生的個人表現，教師對表現優異的學生給予一定的鼓勵。

遊戲規則

（1）遊戲過程中，不得以任何方式向「漁夫」提示或暗示他人的遊戲角色，否則教師要予以制止並給予警告。

（2）2 名「漁夫」必須在手拉著手的情況下方可追趕場地內的學生，否則教師要予以制止並給予警告。

（3）「漁夫」不得採用有可能傷害到他人的危險動作，否則教師要予以制止並給予警告。

（4）不得為躲避「漁夫」的追趕而離開場地，否則教師要予以制止並給予警告。

建　議

（1）遊戲開始初期，若「漁夫」難以「兜」住場地

內的學生，教師可適當縮小場地的範圍，以此降低遊戲的難度。

（2）為激發學生積極跑動，教師可要求被「兜」的學生要接受一定的懲罰，如做俯地挺身、蹲起等。

遊戲點評

身體素質、技能目標							認知、情感、態度目標				
力量	耐力	柔韌性	敏捷性	平衡性	靈巧性	技術動作	愉快感	責任感	團結協作	自信心	努力程度
3	3	2	3	3	3	3	4	3	3	3	4

（徐兵）

遊戲 5　拍肩追人

遊戲目標

（1）身體素質、技能目標：鍛鍊跑動能力；培養反應和躲閃能力。

（2）認知、情感、態度目標：感受相互追逐的樂趣；理解遊戲內容和規則，積極參與集體活動；體驗成功與失敗的感受，提高競爭意識。

遊戲準備

（1）設定半塊足球場為遊戲活動範圍。

（2）教師講解遊戲規則並做示範，激發學生參與遊

戲的慾望和積極性。

遊戲方法

（1）將 14 名學生帶至遊戲活動區域，先指定 12 名學生為「等待者」並安排這些學生以教師為圓心圍成 2 個半徑分別為 2 米和 2.5 米的同心圈，要求 2 個同心圈的學生人數均等且外圈與內圈的學生要前後對齊，然後再安排另外 2 名學生站在同心圈內並分別指定為「追逐者」和「逃跑者」。

（2）教師鳴哨示意遊戲開始後，「等待者」原地不動，「追逐者」要力爭透過積極跑動抓住「逃跑者」——用手觸碰到「逃跑者」的身體即可；而「逃跑者」則要力爭不被「追逐者」抓住並可以由拍內圈任何 1 名「等待者」肩膀的形式將自己的遊戲角色轉變為「等待者」，而被拍肩膀學生身後的「等待者」則變成「逃跑者」。

（3）遊戲過程中，「追逐者」可由抓住「逃跑者」的方式將自己的遊戲角色轉變為「逃跑者」，而被「抓」的「逃跑者」的遊戲角色則轉變為「追逐者」。

（4）待遊戲持續 5 分鐘後，教師再次鳴哨示意遊戲結束。

（5）最後，依據學生的個人表現，教師對表現優異的學生給予一定的鼓勵。

遊戲規則

（1）遊戲過程中，「追逐者」不得採用有可能傷害

到他人的危險動作，否則教師要予以制止並給予警告。

（2）「逃跑者」拍了站在內圈學生的肩膀後，該學生遊戲角色由「逃跑者」轉變為「等待者」，而被拍肩學生身後的外圈學生的遊戲角色由「等待者」轉變「逃跑者」。

（3）「逃跑者」拍了站在內圈學生的肩膀後，該學生要站於被拍肩學生的位置，而被拍肩膀的學生則後退至身後的外圈位置站好。

建　議

（1）遊戲正式開始前，教師應組織學生進行演練，以此保障學生在參與遊戲的過程中能快速根據遊戲規則轉變自己的遊戲角色。

（2）遊戲過程中，若出現「追逐者」難以抓住「逃跑者」的情況，教師應安排其他學生替換該「追逐者」，以此保障遊戲的持續性。

（3）為激發學生的跑動積極性，教師可要求被抓的「逃跑者」要接受一定的懲罰，如做俯地挺身、蹲起等。

遊戲點評

身體素質、技能目標							認知、情感、態度目標				
力量	耐力	柔韌性	敏捷性	平衡性	靈巧性	技術動作	愉快感	責任感	團結協作	自信心	努力程度
3	3	2	3	3	3	2	4	3	3	4	4

（徐兵）

二

培養學生
足球技能的遊戲

遊戲 1 　運球抓「獵物」

遊戲目標

（1）身體素質、技能目標：培養運球能力；提高跑動和躲閃的能力。

（2）認知、情感、態度目標：體驗追逐遊戲活動的樂趣；加深對運控球技術動作要領的理解；幫助學生建立團隊協作的意識和遵守規則的習慣。

遊戲準備

（1）用若干標誌碟規劃出 1 個邊長為 10 米的正方形場地。

（2）足球 2 個。

（3）教師講解遊戲規則並做示範，激發學生參與遊戲的慾望和積極性。

遊戲方法

（1）將 13 名學生帶入場內，指定 2 名學生為「獵

人」並向其每人分別發 1 個足球，然後再指定剩下的 11 名學生為「獵物」。

（2）教師鳴哨示意遊戲開始後，2 名「獵人」要在場地內隨意進行運控球移動，並在運控球移動過程中力爭抓住「獵物」——用手觸碰到「獵物」的身體即可，而「獵物」則要積極跑動力爭不被「獵人」抓住。

（3）遊戲過程中，若「獵人」抓住了「獵物」，則這 2 名學生要互換遊戲角色，然後繼續進行遊戲。

（4）待遊戲進行 5 分鐘後，教師再次鳴哨示意遊戲結束。

（5）最後，依據學生的表現，教師對表現優異的學生給予一定的鼓勵。

遊戲規則

（1）遊戲過程中，不得有意用手觸球且不得採用有可能傷害到他人的危險動作，否則教師要予以制止並給予警告。

（2）「獵物」不得為躲避「獵人」的追趕而離開場地，否則教師要予以制止並給予警告。

（3）「獵人」必須在將球控制在自己腳下的同時方可用手觸碰「獵物」，否則即使是觸碰到「獵物」教師也要判定此次觸碰為無效觸碰。

建　議

（1）遊戲過程中，教師應提示 2 名「獵人」可透過合作的方式圍堵「獵物」，以此幫助「獵人」提高抓住「獵物」的概率。

（2）遊戲過程中，若出現「獵人」難以抓住「獵物」的情況，教師可將「獵人」的人數由 2 人增加至 3 人或適當縮小場地的範圍，以此保障遊戲的持續性。

遊戲點評

身體素質、技能目標							認知、情感、態度目標				
力量	耐力	柔韌性	敏捷性	平衡性	靈巧性	技術動作	愉快感	責任感	團結協作	自信心	努力程度
3	3	2	3	3	3	4	4	4	3	3	4

（南尚傑）

遊戲 2 統一行動

遊戲目標

（1）身體素質、技能目標：培養運控球能力；鍛鍊手、腳並用的能力。

（2）認知、情感、態度目標：體驗快速運控球移動的樂趣；領會運控球技術動作的要領；培養觀察力；提高遵守規則的習慣和競爭意識。

遊戲準備

（1）用若干標誌碟在足球場中圈附近規劃出 1 個邊長為 10 米和 5 米的長方形，然後在長方形內分散擺放 15 個圓錐形標誌桶，最後設定罰球區的罰球弧區域為出發區。

（2）足球 7 個。

（3）教師講解遊戲規則並做示範，激發學生參與遊戲的慾望和積極性。

遊戲方法

（1）將 14 名學生平均分成 2 組，先安排第 1 組學生每人持 1 個足球面對標誌桶站在罰球弧區域內做遊戲準備，然後再安排第 2 組學生在場地外側站好等待。

（2）教師鳴哨示意遊戲開始後，第 1 組學生運球進入長方形場地內「用手」將全部的圓錐形標誌桶碰倒，完

成後運球返回至罰球弧區域內，待所有學生都返回後該組學生再次運球進入長方形場地內「用手」將此前碰倒的所有圓錐形標誌桶扶起，然後再運球返回至罰球弧區域內。

（3）遊戲過程中，要求學生必須是在腳踩著球的情況下才能用手觸碰圓錐形標誌桶。

（4）待第 1 組學生完成遊戲內容後，教師安排該組學生到場外休息並組織第 2 組學生進入場地內重複上述遊戲內容直至遊戲結束。

（5）最後，依據 2 組完成遊戲內容所用的時間及學生的個人表現，教師對表現優異的組別和學生給予一定的鼓勵。

遊戲規則

（1）遊戲過程中，不得有意用手觸球，否則教師要予以制止並給予警告。

（2）必須在腳踩著球的情況下方可用手觸碰圓錐形標誌桶，否則教師要予以制止並給予警告。

（3）不得有意觸碰他人的腳下控球及與他人進行傳球配合，否則教師要予以制止並給予警告。

建 議

（1）遊戲開始前，教師應組織學生進行運控球練習，以此保障學生能較好地參與到遊戲中。

（2）該遊戲適合培養學生的推球、磕球、拉球等運控球技術。

遊戲點評

身體素質、技能目標						認知、情感、態度目標				
力量	耐力	柔韌性	敏捷性	平衡性	靈巧性	技術動作	愉快感	責任感	團結協作	自信心	努力程度
2	3	2	3	3	3	4	3	3	4	3	4

（張川）

遊戲 3 搬家公司

遊戲目標

（1）身體素質、技能目標：培養運控球能力；鍛鍊跑動能力。

（2）認知、情感、態度目標：體驗快速運控移動的樂趣；加深對運控球技術動作要領的理解；培養遵守規則的習慣和競爭意識。

遊戲準備

（1）在場地上以 15 米為間隔距離用若干標誌碟規劃出 2 個對稱的正方形，要求正方形的邊長為 2 米。

（2）用若干標誌碟在 2 個正方形之間的正中間位置規劃出 2 條長為 5 米，間隔距離也為 5 米的平行線。

（3）足球 12 個。

（4）教師講解遊戲規則並做示範，激發學生參與遊戲的慾望和積極性。

遊戲方法

（1）將 12 名學生平均分成 2 組，然後安排 2 組學生每人持 1 球分別站在 2 個正方形場地內，要求 2 組學生要面對面站立。

（2）教師鳴哨示意遊戲開始後，2 組學生出發向對方的正方形場地處運球，力爭以最快的速度將自己腳下的球運至對方的正方形場地內。

（3）遊戲過程中，全體參加遊戲的學生在運控移動球途中每遇到 1 次直線必須在該直線附近做一次原地運球繞圈後方可繼續運球前進。

（4）待全體學生都完成了遊戲內容後，教師再次鳴哨示意遊戲結束。

（5）最後，依據各組完成遊戲內容的先後順序及學生的個人表現，教師對表現優異的組別和學生給予一定的鼓勵。

遊戲規則

（1）遊戲過程中，不得用手觸球且不得有意觸碰對方學生的腳下控球，否則教師要予以制止並給予警告。

（2）必須在途經的 2 條直線處各做 1 次原地運球繞圈後方可繼續運球前行，否則教師要予以制止並給予警告。

（3）不得幫助他人完成遊戲內容，否則教師要予以制止並給予警告。

（4）必須將球運至對方的方塊內才算完成遊戲內容。

建議

（1）由於有可能發生身體碰撞，教師應向學生交代清楚遊戲規則並注意維持遊戲秩序，以此避免安全事故的發生。

（2）教師可根據情況將遊戲中的原地運球繞圈調整為原地左右腳十次磕球、原地左右腳十次踩球等，以此鍛鍊學生的運控球技術。

遊戲點評

身體素質、技能目標							認知、情感、態度目標				
力量	耐力	柔韌性	敏捷性	平衡性	靈巧性	技術動作	愉快感	責任感	團結協作	自信心	努力程度
4	4	4	5	4	5	4	4	4	3	4	5

（孫家森）

遊戲 4　團隊追逐賽

遊戲目標

（1）身體素質、技能目標：培養運控球移動的能力；鍛鍊耐力。

（2）認知、情感、態度目標：體驗運球追逐遊戲的樂趣；加深對運控球技術動作要領的理解；培養集體主義精神和競爭意識。

遊戲準備

（1）設定足球場的中圈附近為遊戲活動區域。

（2）足球6個。

（3）教師講解遊戲規則並做示範，激發學生參與遊戲的慾望和積極性。

遊戲方法

（1）將 6 名學生平均分成 2 組，然後安排 2 組學生每人持 1 球分別站在中圈與中線的 2 個交接點處，要求 2 組學生面對的方向正好相反。

（2）教師鳴哨示意遊戲開始後，2 組學生出發在中圈線外側沿逆時針方向（也可統一規定為順時針方向）進行團隊運球繞圈追逐賽，最終評判 2 組勝負的依據是遊戲結束時各組最後 1 名學生是否追趕上了對方或縮小了與對方的距離。

（3）遊戲過程中，要求學生不得有意將自己的腳下控球運入中圈內，且不得有意觸碰他人的腳下控球。

（4）待遊戲進行 2 分鐘後，教師再次鳴哨示意遊戲結束。

（5）最後，依據 2 組的勝負關係及學生的個人表現，教師對取勝的組別和表現優異的學生給予一定鼓勵。

遊戲規則

（1）遊戲過程中，不得有意用手觸球且不得運球進入中圈內，否則教師要予以制止並給予警告。

（2）不得與本組學生進行傳球配合，否則教師要予以制止並給予警告。

（3）不得有意觸碰他人的腳下控球，否則教師要予以制止並給予警告。

建 議

（1）遊戲開始前，教師應組織學生進行運控球移動的練習，以此保障學生能較好地參與到遊戲中。

（2）該遊戲適用於培養學生的腳背正面運球、腳內側運球、腳背外側運球、雙腳交替踩球移動、雙腳磕球移動等多項運控球技術。

遊戲點評

身體素質、技能目標							認知、情感、態度目標				
力量	耐力	柔韌性	敏捷性	平衡性	靈巧性	技術動作	愉快感	責任感	團結協作	自信心	努力程度
3	5	2	3	3	3	4	2	4	4	3	4

（孫家森）

遊戲 5　蜈蚣接力

遊戲目標

（1）身體素質、技能目標：培養運控球移動的能力；提高腳步的靈活性。

（2）認知、情感、態度目標：體驗快速運控球移動的樂趣；加深對運控球技術動作要領的理解；培養團結協作精神和積極進取的意志品質。

遊戲準備

（1）足球 2 個。

（2）教師講解遊戲規則並做示範，激發學生參與遊戲的慾望和積極性。

遊戲方法

（1）在場地上將 12 名學生平均分成 2 組，然後安排各組學生面向同一方向，以 2 米為間隔距離分別排成一路縱隊，要求各組排頭對齊且各組學生前後的間隔距離為 1 米，最後向各組的排尾學生每人分發 1 個足球。

（2）教師鳴哨示意遊戲開始後，各組的排尾學生要力爭以最快的運球速度依次繞過站在自己身前的每 1 名本組學生，然後在到達排頭位置後將球傳給位於本組排尾位置的學生並在排頭位置處站好，此後各組後面的學生按照上述要求依次完成遊戲內容。

（3）遊戲過程中，各組除運球學生以外其他學生要原地站好，不得為有利於本組學生的運球而有意移動位置，而且各組學生前後之間的間隔距離要始終保持在 1 米左右。

（4）待各組學生都完成了遊戲內容後，教師再次鳴哨示意遊戲結束。

（5）最後，依據各組完成遊戲內容的先後順序及學生的個人表現，教師對表現優異的組別和學生給予一定的鼓勵。

遊戲規則

（1）遊戲過程中，不得有意用手觸球，否則教師要予以制止並給予警告。

（2）運球學生必須依次繞過站在自己身前的每 1 名本組學生，不得出現「漏人」的情況，否則教師要予以制止並給予警告。

（3）運控球移動學生必須在到達本組排頭位置後方可將球傳給位於本組排尾的學生，否則教師要予以制止並給予警告。

（4）若出現有學生為有利於本組學生運控球移動而有意移動自己位置的情況，教師要予以制止並給予警告。

建 議

（1）該遊戲適用於培養學生的腳背正面運球、腳內側運球、腳背外側運球、雙腳交替踩球移動、雙腳磕球移動等多項運控球技術。

（2）待學生熟悉遊戲規則後，教師可由調整遊戲方

法增加遊戲難度，如要求運球學生必須依次繞本組每 1 名學生一周、運球學生只能使用左腳等。

遊戲點評

| 身體素質、技能目標 | | | | | | 認知、情感、態度目標 | | | | |
力量	耐力	柔韌性	敏捷性	平衡性	靈巧性	技術動作	愉快感	責任感	團結協作	自信心	努力程度
2	2	2	4	3	4	4	3	4	4	3	4

（王英梅）

遊戲 6　鳴哨木頭人

遊戲目標

（1）身體素質、技能目標：提高運控球移動的能力；鍛鍊反應能力。

（2）認知、情感、態度目標：體驗運球競速遊戲活動的樂趣；加深對運控球技術動作要領的理解；培養遵守規則的習慣和競爭意識。

遊戲準備

（1）在場地上用若干標誌碟規劃出 2 條間隔距離為 20 米、長為 10 米的平行線，然後分別設定這 2 條線為出發線和終點線。

（2）足球 12 個。

（3）教師講解遊戲規則並做示範，激發學生參與遊戲的慾望和積極性。

遊戲方法

（1）在場地內將 12 名學生平均分成 2 組，然後安排 2 組學生每人持 1 球面對折返線在出發線後面排成 2 列橫隊，要求學生之間的左右間隔距離為 1 米。

（2）教師鳴哨示意遊戲開始後，第 1 組學生運球出發向終點線處移動，在學生運球移動的過程中，教師要根據情況先後數次鳴哨示意遊戲暫停，每次暫停的哨聲響起

後所有運球學生要力爭立即將球踩在腳下並原地站好，待教師再次鳴哨示意暫停結束後方可繼續運球移動。

（3）遊戲過程中，若出現運球學生在暫停哨聲響起後未能及時將球踩在腳下的情況，該學生要返回至出發線處重新運球出發。

（4）待第 1 組學生都到達終點線後，教師安排第 1 組學生在終點線處站好等待，然後再組織第 2 組學生重複上述遊戲內容直至遊戲結束。

（5）最後，依據學生完成遊戲內容的快慢速度，教師對表現優異的學生給予一定的鼓勵。

遊戲規則

（1）遊戲過程中，不得有意觸碰他人的腳下控球，否則教師要予以制止並給予警告。

（2）示意遊戲暫停的哨音響起後，運球學生必須立即將自己的腳下控球踩住並原地站好，否則教師要安排未能及時將球踩在腳下的學生返回至出發線處重新運球出發。

建 議

（1）該遊戲適用於培養學生的腳背正面運球、腳內側運球、腳背外側運球、雙腳交替踩球移動、雙腳磕球移動等多項運控球技術。

（2）遊戲過程中，教師應鼓勵和引導學生多使用非慣用腳觸球，以此提高學生靈活左右腳的能力。

遊戲點評

身體素質、技能目標							認知、情感、態度目標				
力量	耐力	柔韌性	敏捷性	平衡性	靈巧性	技術動作	愉快感	責任感	團結協作	自信心	努力程度
2	3	2	4	4	4	4	4	4	2	4	4

（120 中學：柴華）

遊戲 7　老師搶球

遊戲目標

（1）身體素質、技能目標：培養運控球能力；鍛鍊耐力。

（2）認知、情感、態度目標：體驗運控球與搶球的樂趣；加深對運控球技術動作要領的理解；培養遵守規則的習慣和頑強拚搏的精神。

遊戲準備

（1）在場地上用若干標誌碟規劃出 1 個邊長為 8 米的正方形場地。

（2）足球 11 個。

（3）教師講解遊戲規則並做示範，激發學生參與遊戲的慾望和積極性。

遊戲方法

（1）將 11 名學生帶入場內，要求每人持 1 球。

（2）教師站在場地內並鳴哨示意遊戲開始後，所有學生在場地內進行運控球移動，要求學生要敢於做動作並積極進行運控球移動，而教師則要在學生進行運控球移動過程中對不積極參與遊戲的學生施以適當的逼搶，促使此類學生也能積極進行運控球移動。

（3）待遊戲進行 5 分鐘後，教師再次鳴哨示意遊戲

結束。

（4）最後，依據學生的個人表現，教師對表現優異的學生給予一定的鼓勵。

遊戲規則

（1）遊戲過程中，不得有意用手觸球，否則教師要予以制止並給予警告。

（2）每名學生只能控制 1 球，不得有意觸碰他人的腳下控球，否則教師要予以制止並給予警告。

（3）球出界後，控制該球的學生要迅速撿球回到場內並繼續參與遊戲，否則教師要予以制止並給予警告。

建 議

（1）遊戲過程中，教師可播放比較歡快的音樂，以此緩解學生在參與遊戲過程中產生的疲勞。

（2）遊戲過程中，教師應鼓勵學生敢於做動作，以此促進學生更好地掌握運控球技術。

（3）教師可根據情況適當擴大遊戲活動區域，以此增加學生在參與遊戲過程中的移動距離。

遊戲點評

身體素質、技能目標							認知、情感、態度目標				
力量	耐力	柔韌性	敏捷性	平衡性	靈巧性	技術動作	愉快感	責任感	團結協作	自信心	努力程度
3	4	2	4	3	4	4	3	3	2	3	4

（120 中學：柴華）

遊戲 8　相互搶球

遊戲目標

（1）身體素質、技能目標：培養運控球和搶球能力；提高耐力。

（2）認知、情感、態度目標：體驗運控球和搶球的樂趣；加深對運控球技術動作要領的理解；培養遵守規則的習慣和競爭意識。

遊戲準備

（1）在場地上用若干標誌碟規劃出 1 個邊長為 8 米的正方形場地。

（2）足球 5 個。

（3）教師講解遊戲規則並做示範，激發學生參與遊戲的慾望和積極性。

遊戲方法

（1）將 5 名學生帶入場內，要求每人持 1 球。

（2）教師鳴哨示意遊戲開始後，所有學生開始在場地內進行運控球移動，在此過程中學生可以在保護好自己腳下控球的同時破壞他人的腳下控球，若腳下控球被破壞出場地，則控制該球的學生要迅速將球撿回，然後繼續參加遊戲。

（3）待遊戲進行 5 分鐘後，教師再次鳴哨示意遊戲結束。

（4）最後，依據學生的個人表現，教師對表現優異的學生給予一定的鼓勵。

遊戲規則

（1）遊戲過程中，不得有意用手觸球及採用有可能傷害他人的危險動作，否則教師要予以制止並給予警告。

（2）不得在腳下無球的情況下破壞他人的控球，否則教師要予以制止並給予警告。

（3）不得採用「球擊球」的方式破壞他人的腳下控球，否則教師要予以制止並給予警告。

建 議

（1）遊戲過程中，由於場面有可能會比較混亂，教師應注意維持遊戲秩序，以此避免安全事故的發生。

（2）遊戲過程中，教師應提示學生要先保護好自己的腳下控球然後再尋機破壞他人的控球。

遊戲點評

身體素質、技能目標							認知、情感、態度目標				
力量	耐力	柔韌性	敏捷性	平衡性	靈巧性	技術動作	愉快感	責任感	團結協作	自信心	努力程度
3	4	2	4	3	4	4	4	4	2	3	4

（120 中學：柴華）

遊戲9 螃蟹捉小魚

遊戲目標

（1）身體素質、技能目標：提高運控球能力；鍛鍊手腳配合的能力；培養觀察能力。

（2）認知、情感、態度目標：體驗和感受運控球遊戲活動的樂趣；加深對運控球技術動作要領的理解；培養競爭意識。

遊戲準備

（1）在場地上用若干標誌碟規劃出 1 個邊長為 10 米的正方形場地。

（2）足球 11 個。

（3）教師講解遊戲規則並做示範，激發學生參與遊戲的慾望和積極性。

遊戲方法

（1）將 13 名學生帶入場內，要求 11 名學生每人持 1 球並指定這些學生為「小魚」，然後再指定剩下的 2 名學生為「螃蟹」。

（2）教師鳴哨示意遊戲開始後，「小魚」可在場地內自由控球移動，而「螃蟹」則要在手腳觸地、身體以及面部朝向天空的情況下透過積極移動力爭「用腳」觸碰到「小魚」的腳下控球，若「螃蟹」觸球成功，則控制該球的學生要把球放到場地外側並回到場內，所扮演的遊戲角色也要由「小魚」轉變為「螃蟹」。

（3）待遊戲進行到場地內的所有「小魚」都變成了「螃蟹」後，教師再次鳴哨示意遊戲結束。

（4）最後，依據學生的個人表現，教師對表現優異的學生給予一定的鼓勵。

遊戲規則

（1）遊戲過程中，「螃蟹」的手和腳不得離開地

面，否則教師要予以制止並給予警告。

（2）「小魚」在控球移動過程中不得做出有可能傷害到「螃蟹」的危險動作，否則教師要予以制止並給予警告。

（3）「小魚」只能控制自己的腳下足球，不得與他人進行傳球配合或有意觸碰他人的腳下控球，否則教師要予以制止並給予警告。

（4）若「小魚」自己將球觸碰出場地，其遊戲角色也要由「小魚」變為「螃蟹」。

建　議

（1）遊戲開始前，教師應對學生的運動鞋進行檢查，若發現有學生穿著質地較硬的運動鞋則不要安排其參加遊戲，以此避免安全事故的發生。

（2）遊戲開始階段，若出現「螃蟹」難以觸碰到「小魚」腳下控球的情況，教師應引導「螃蟹」採用圍堵的戰術或適當縮小遊戲活動區域，以此保障遊戲的持續性。

遊戲點評

身體素質、技能目標							認知、情感、態度目標				
力量	耐力	柔韌性	敏捷性	平衡性	靈巧性	技術動作	愉快感	責任感	團結協作	自信心	努力程度
4	4	3	4	4	4	3	5	4	3	3	5

（駱全友）

遊戲 10　搶占標誌碟

遊戲目標

（1）身體素質、技能目標：鍛鍊運控球移動和跑動的能力；培養反應能力。

（2）認知、情感、態度目標：體驗運控球移動搶位的樂趣；加深對運控球基本動作要領的理解；培養遵守規則的習慣和競爭意識。

遊戲準備

（1）用若干標誌碟規劃出 1 個半徑為 7 米的圓圈，然後在圓圈的圓心處擺放 6 個標誌碟。

（2）足球 7 個。

（3）教師講解遊戲規則並做示範，激發學生參與遊戲的慾望和積極性。

遊戲方法

（1）安排 7 名學生每人持 1 球分散站在圓圈的外沿。

（2）教師鳴哨示意遊戲開始後，所有學生在圓圈外側沿逆時針方向（也可統一規定為順時針方向）進行運控球移動，大概在 30 秒後教師再次鳴哨，然後學生要快速向圓心處運球移動並力爭將球運至標誌碟上面，沒有搶占到標誌碟的 1 名學生則被淘汰出局到場地外側站好等待，

而沒有被淘汰的學生要持球回到圓圈外側等待下一輪遊戲，此後教師按照上述要求繼續組織學生再進行 5 輪遊戲——每輪遊戲開始前都要減少 1 個擺放在圓心處的標誌碟，直至最後選出 1 名優勝者。

（3）待優勝者產生後，教師鳴哨示意遊戲結束。

（4）最後，依據學生的個人表現，教師對表現優異的學生給予一定的鼓勵。

遊戲規則

（1）遊戲過程中，只有在教師鳴哨示意開始搶占標誌碟之後，學生方可運球進入圓圈內，否則教師要予以制止並給予警告。

（2）運球進入圓圈後，不得有意干擾他人及觸碰擺放在圓心處的標誌碟，否則教師要予以制止並給予警告。

（3）只有將球停在標誌碟之上，才算搶占標誌碟成功。

建　議

（1）遊戲過程中，教師應要求學生在運球移動時要適當抬頭。

（2）遊戲過程中，教師可要求學生在進入圓圈之前做原地繞圈運球、雙腳踩球移動、側向拉球移動等練習。

遊戲點評

身體素質、技能目標							認知、情感、態度目標				
力量	耐力	柔韌性	敏捷性	平衡性	靈巧性	技術動作	愉快感	責任感	團結協作	自信心	努力程度
4	4	4	5	4	5	4	4	4	3	4	5

（張川）

遊戲 11　搶球對抗賽

遊戲目標

（1）身體素質、技能目標：培養運控球能力；鍛鍊搶球和跑動能力。

（2）認知、情感、態度目標：體驗運控球和搶球的樂趣；加深對運控球技術動作的理解；培養集體榮譽感和競爭意識。

遊戲準備

（1）在場地上用若干標誌碟規劃出 1 個邊長為 8 米的正方形場地，然後在場地正中間位置再用若干標誌碟規劃出 1 個邊長為 2 米的正方形區域並設定該區域為「安全區」。

（2）足球 6 個。

（3）教師講解遊戲規則並做示範，激發學生參與遊戲的慾望和積極性。

遊戲方法

（1）將 12 名學生平均分成 2 組並分別指定為「控球方」和「搶球方」，先安排「控球方」學生每人持 1 球進入場地內做遊戲準備，然後再安排「搶球方」學生在場地外側站好等待。

（2）教師鳴哨示意遊戲開始後，「控球方」學生在場地內進行為時 6 分鐘的運控球移動，在此期間內站在場外的 6 名「搶球方」學生要逐一進入場內分別進行為時 1 分鐘的搶球，若搶下「控球方」學生的腳下控球則「搶球方」每次會獲得 1 分，若沒有搶下球而是將「控球方」學生的腳下控球破壞出場地，則「搶球方」每次會獲得 0.5 分。

（3）遊戲過程中，「控球方」學生為保護自己的腳下控球可運球進入「安全區」內進行為時 5 秒的「避難」——每次僅限 1 人進入「安全區」內，而「搶球方」學生

則不得進入「安全區」內。

（4）待遊戲進行 6 分鐘後，教師安排「控球方」和「搶球方」學生互換遊戲角色並重複上述遊戲內容直至遊戲結束。

（5）最後，依據 2 組的得分及學生的個人表現，教師對表現優異的組別和學生給予一定的鼓勵。

遊戲規則

（1）遊戲過程中，不得有意用手觸球且不得採用有可能傷害到他人的危險動作，否則教師要予以制止並給予

警告。

（2）「安全區」內每次只能進入 1 名「控球方」學生，且每次滯留時間不得超過 5 秒，否則教師要予以制止並給予警告。

（3）「搶球方」學生不得進入「安全區」內，否則教師要予以制止並給予警告。

（4）若將球搶下，「搶球方」學生要立即將球返還給原控球學生並繼續進行遊戲。

（5）無論何種情況，只要球出了場地，則每次「搶球方」獲得 0.5 分。

（6）球出場地後，「控球方」學生要迅速撿球返回至場地內，否則教師要予以制止並給予警告。

建 議

（1）遊戲過程中，教師應鼓勵學生敢於做動作，以此促進學生更好地掌握技術動作。

（2）待學生熟悉遊戲規則後，教師可不設定「安全區」或適當減少各組的學生人數，以此增加遊戲的難度。

遊戲點評

身體素質、技能目標							認知、情感、態度目標				
力量	耐力	柔韌性	敏捷性	平衡性	靈巧性	技術動作	愉快感	責任感	團結協作	自信心	努力程度
4	5	3	4	3	4	5	4	5	3	4	5

（張川）

遊戲 12　網式足球

遊戲目標

（1）身體素質、技能目標：培養處理高球和擲界外球的能力；提高上肢力量。

（2）認知、情感、態度目標：體驗隔網踢球遊戲的樂趣；加深對擲界外球、踢空中球、停球、頭頂球等技術動作要領的理解；培養遵守規則的習慣和競爭意識。

遊戲準備

（1）在場地上用若干標誌碟規劃出 1 個邊長為 10 米和 5 米的長方形場地，然後透過在標誌桿上繫繩的方式將場地分成 2 個面積相等的正方形，要求繩的高度為 1 米左右。

（2）足球 1 個。

（3）教師講解遊戲規則並做示範，激發學生參與遊

戲的慾望和積極性。

遊戲方法

（1）將 4 名學生平均分成 2 組，然後安排 2 組學生面對面站立在場地兩側。

（2）教師鳴哨示意遊戲開始後，場地內的 2 組學生開始進行網式踢球比賽，得分方法與排球比賽的要求類似。

（3）該遊戲的具體要求：一是發球時，發球學生要站在本方場地的底線後面按照擲界外球的要求直接將球擲入對方場地內；二是球過網進入己方場地後，可以觸球 3 次——其中允許用手觸球 1 次，但第三次觸球必須用除手和手臂以外的部位直接將球從網的上方傳至對方場地；三是球過網進入己方場地後，允許球落地 1 次。

（4）待遊戲進行 10 分鐘後，教師再次鳴哨示意遊戲結束。

（5）最後，依據各組的得分及學生的個人表現，教師對表現優異的組別和學生給予一定的鼓勵。

遊戲規則

（1）遊戲過程中，發球動作必須符合足球比賽對擲界外球動作的要求且必須直接將球擲入對方場地內，否則要判定發球方失 1 分。

（2）球過網進入己方場地後，若觸球次數超過 3 次或用「手」觸球和球落地的次數達到 2 次，要判定控球方

失 1 分。

（3）球過網後，若球直接落在對方場地的外側，要
判定最後觸球方失 1 分。

（4）除發球外，不得用「手」直接將球傳過網，否
則要判定觸球方失 1 分。

建　議

（1）遊戲開始前，教師應組織學生進行演練，以此
幫助學生充分瞭解比賽規則。

（2）待學生熟悉遊戲規則後，教師可透過改變遊戲
規則增加遊戲難度，如發球改為用腳踢球、取消用「手」
觸球的規定等。

遊戲點評

身體素質、技能目標							認知、情感、態度目標				
力量	耐力	柔韌性	敏捷性	平衡性	靈巧性	技術動作	愉快感	責任感	團結協作	自信心	努力程度
3	3	3	4	3	4	4	3	4	4	3	4

（張川）

遊戲 13　兩人搶 1 球

遊戲目標

（1）身體素質、技能目標：培養運球突破、射門及搶球的能力；提高跑動和身體對抗的能力。

（2）認知、情感、態度目標：體驗對抗搶球和射門的樂趣；培養運球突破和防守的意識；加深對合理衝撞技術動作要領的理解；培養頑強拚搏的精神。

遊戲準備

（1）在正對球門 30 米處擺放 1 個標誌碟，然後再用若干標誌碟在球門前規劃出 1 個邊長為 10 米的正方形並指定該區域為射門區。

（2）足球 7 個。

（3）教師講解遊戲規則並做示範，激發學生參與遊戲的慾望和積極性。

遊戲方法

（1）安排 14 名學生面向球門在標誌碟後面排成 2 路縱隊，然後指定平行的 2 名學生為 1 組並向每組分發 1 個足球。

（2）教師面向球門站在標誌碟附近示意遊戲開始後，第 1 組學生將球交給教師並站在教師的兩側，待教師將球向前踢出後該組的 2 名學生出發開始搶球，搶到球的學生要力爭將球運入射門區內並完成射門，而沒有搶到球的學生則要積極防守力爭將球搶下最終也是要力爭將球射入球門內，這 2 名學生在完成搶球射門後要迅速撿球返回至標誌碟後面站在排尾處等待下一次出發，此後教師安排後面的各組學生依次循環重複上述遊戲內容。

（3）待遊戲進行 10 分鐘後，教師鳴哨示意遊戲結束。

（4）最後，依據學生的個人表現，教師對表現優異的學生給予一定的鼓勵。

遊戲規則

（1）遊戲過程中，不得有意用手觸球且不得採用有可能傷害到他人的危險動作，否則教師要予以制止並給予警告。

（2）必須在教師將球踢出後，方可出發搶球，否則教師要予以制止並給予警告。

（3）不得在射門區以外的區域實施射門，否則教師

要予以制止並給予警告。

建 議

（1）遊戲開始前，教師應組織學生進行合理衝撞技

術動作的練習，以此保障學生能較好地參與到遊戲中。

（2）遊戲過程中，教師應鼓勵搶到球的學生要敢於運球突破，以此幫助學生樹立信心。

（3）待學生熟悉遊戲規則後，教師可將每組的學生人數由 2 人增加至 3 人，以此增強遊戲的難度和趣味性。

遊戲點評

身體素質、技能目標							認知、情感、態度目標				
力量	耐力	柔韌性	敏捷性	平衡性	靈巧性	技術動作	愉快感	責任感	團結協作	自信心	努力程度
4	4	3	4	4	4	5	4	4	3	4	4

（孫詣超）

遊戲 14　逐層突破

遊戲目標

（1）身體素質、技能目標：培養運球突破和防守的能力；鍛鍊耐力。

（2）認知、情感、態度目標：體驗運球突破與身體對抗的樂趣；增強運球突破的意識；培養遵守規則的習慣和競爭意識。

遊戲準備

（1）在場地上用若干標誌碟規劃出 1 個邊長為 24

米和 10 米的長方形，指定較短的 2 條邊線分別為出發線
和得分線。

（2）透過擺放標誌碟將長方形劃分為 6 個邊長為 10
米和 4 米的小長方形，並依次指定為過渡區和防守區。

（3）足球 3 個。

（4）教師講解遊戲規則並做示範，激發學生參與遊
戲的慾望和積極性。

遊戲方法

（1）將 6 名學生平均分成 2 組並分別指定為「進攻
方」和「防守方」，安排「進攻方」學生每人持 1 球面對
場地在出發線後面排成 1 路縱隊，然後再安排「防守方」
學生面對「進攻方」學生分別站在 3 個防守區內，要求每
個防守區內的人數為 1 人。

（2）教師鳴哨示意遊戲開始後，「進攻方」的 3 名
學生要逐一反覆運球出發，力爭多次穿過防守區和過渡區
將球運至得分線處並用腳底將球踩住以此獲得分數──每
人每次得 1 分，而「防守方」學生則要在各自所在的防守
區內進行防守，力爭使「進攻方」學生不能通過自己把守
的防守區。

（3）遊戲過程中，在獲得分數或腳下控球出了場地
後，「進攻方」學生要運球從場地外側返回至出發線處等
待下一次運球出發。

（4）遊戲進行 5 分鐘後，教師安排「進攻方」學生
和「防守方」學生互換遊戲角色和位置並重複上述遊戲內

容直至遊戲結束。

（5）最後，依據各組的得分及學生的個人表現，教師對表現優異的組別和學生給予一定的鼓勵。

遊戲規則

（1）遊戲過程中，不得有意用手觸球且不得採用有可能傷害到他人的危險動作，否則教師要予以制止並給予警告。

（2）在規定時間內，「進攻方」學生可反覆運球出發，但每次出發必須從出發線處開始，否則教師要予以制止並給予警告。

（3）「進攻方」學生必須依次穿過 3 個防守區和 3 個過渡區後將球踩在得分線上才算得分。

（4）每名「進攻方」學生只能運控 1 球，不得有意觸碰其他的足球或與同組的學生進行傳球配合，否則教師要予以制止並給予警告。

（5）「防守方」學生不得離開各自所在的防守區進行防守，否則教師要予以制止並給予警告。

（6）搶下「進攻方」學生的腳下控球後，「防守方」學生將球踢出場外即可，不得將球控制在自己腳下不予返還，否則教師要予以制止並給予警告。

建　議

（1）遊戲過程中，教師應注意維持遊戲秩序，以此避免安全事故的發生。

（2）若有女生參加該遊戲，教師可將女生每次得分的分值由 1 分提高至 2 分或 3 分，以此提高女生參加遊戲的積極性。

遊戲點評

身體素質、技能目標							認知、情感、態度目標				
力量	耐力	柔韌性	敏捷性	平衡性	靈巧性	技術動作	愉快感	責任感	團結協作	自信心	努力程度
4	5	3	4	4	4	5	4	4	2	3	5

（南尚傑）

遊戲 15 以多打少

遊戲目標

（1）身體素質、技能目標：培養傳球和跑位接應的能力；鍛鍊防守能力。

（2）認知、情感、態度目標：體驗傳球配合和防守的樂趣；培養進攻和防守的意識；幫助學生建立利用邊路組織進攻的習慣。

遊戲準備

（1）在場地上用若干標誌碟規劃出 1 個邊長為 13 米和 12 米的長方形場地，然後在長方形場地內透過擺放標誌碟分別規劃出第一防守區、第二防守區、得分區和 2 個接應區。

（2）足球 1 個。

（3）教師講解遊戲規則並做示範，激發學生參與遊

戲的慾望和積極性。

遊戲方法

（1）將 10 名學生平均分成 2 組，並分別指定為「進攻方」和「防守方」。先安排「進攻方」學生站位——3 人持 1 球站在第一防守區內而另外 2 人分別站在兩側的接應區內；然後再安排「防守方」學生站位——3 人分別進入第一防守區、第二防守區和得分區內而另外 2 人則站在場外等待。

（2）教師鳴哨示意遊戲開始後，場地內的「進攻方」學生要反覆持球發起進攻，這 5 名學生要力爭由傳球配合將球傳至得分區內以此獲得分數——每次得 1 分，而「防守方」的 3 名學生則要透過積極拼搶力爭將「進攻方」的控球破壞出場地阻止對方獲得分數。

（3）遊戲過程中，接應區內 2 名「進攻方」學生的活動範圍分別限定為各自所在的接應區內且其他學生不得進入該區域，而且「防守方」3 名學生的活動範圍也分別限定為各自所在的第一防守區、第二防守區和得分區。

（4）待遊戲進行 5 分鐘後，教師安排「進攻方」學生與「防守方」學生互換遊戲角色和位置並重複上述遊戲內容直至遊戲結束。

（5）最後，依據各組的得分及學生的個人表現，教師對表現優異的組別和學生給予一定的鼓勵。

遊戲規則

（1）遊戲過程中，不得有意用手觸球且不得採用有可能傷害到他人的危險動作，否則教師要予以制止並給予警告。

（2）「進攻方」學生只有將球傳至得分區內並在該區域內將球控制住才能獲得分數。

（3）得分或球出場地後，「進攻方」必須將球運至第一防守區內後方可重新出發，否則教師要予以制止並給予警告。

（4）接應區內的 2 名「進攻方」學生不得離開各自所在的接應區，而且這 2 名學生在接球後必須在 5 秒內將球傳出接應區，否則教師要予以制止並給予警告。

（5）除分別站在接應區內的 2 名「進攻方」學生外，其他學生不得進入接應區內，否則教師要予以制止並給予警告。

（6）「防守方」的 3 名學生不得離開各自所在的第

一防守區、第二防守區和得分區,否則教師要予以制止並給予警告。

建議

(1)遊戲開始前,教師應組織學生進行演練,以此幫助學生充分瞭解遊戲規則。

(2)遊戲過程中,教師應引導「進攻方」學生多向接應區內的同伴傳球並積極跑位接應,以此幫助「進攻方」學生提高傳球配合的成功率。

遊戲點評

身體素質、技能目標							認知、情感、態度目標				
力量	耐力	柔韌性	敏捷性	平衡性	靈巧性	技術動作	愉快感	責任感	團結協作	自信心	努力程度
4	4	3	4	3	3	4	4	4	5	4	4

(南尚傑)

遊戲 16 指定活動區域對抗賽

遊戲目標

(1)身體素質、技能目標:培養比賽能力;提高跑動能力。

(2)認知、情感、態度目標:體驗足球比賽的樂趣;幫助學生建立快速發動進攻的習慣;瞭解足球比賽基

本規則；培養遵守規則的習慣和競爭意識。

遊戲準備

（1）在場地上用若干標誌碟規劃出 1 個邊長為 15 米和 20 米的長方形場地，然後以 2 條較長邊線的中點為端點，再用若干標誌碟規劃出 1 條直線並設定該直線為中線。

（2）在 2 條較短邊線的正中間位置各擺放 1 個球門。

（3）足球 1 個。

（4）教師講解遊戲規則並做示範，激發學生參與遊戲的慾望和積極性。

遊戲方法

（1）將 6 名學生平均分成 2 組，然後要求各組指定本組的 3 名學生分別為「自由人」「進攻隊員」和「防守隊員」。

（2）教師將球拋入場內並鳴哨示意遊戲開始後，2 組學生在場地內開始搶球進行 3 對 3 的小場地足球對抗賽。

（3）遊戲過程中，各組「自由人」的活動範圍不受限定，而其他 2 名學生的活動範圍則有限定──「進攻隊員」的活動範圍限定為對方半場，而「防守隊員」的活動範圍限定為本方半場。

（4）待遊戲進行 10 分鐘後，教師再次鳴哨示意遊戲結束。

（5）最後，依據各組的進球數量及學生的個人表現，教師對表現優異的組別和學生給予一定的鼓勵。

遊戲規則

（1）遊戲過程中，不得有意用手觸球且不得採用有可能傷害到他人的危險動作，否則教師要予以制止並給予警告。

（2）各組的「進攻隊員」不得回到本方半場，而「防守隊員」則不得進入對方半場，否則教師要予以制止並給予警告。

（3）球出界後，由最後觸球者的對方將球擺放在出界處的邊線上並以踢球入場的方式恢復遊戲。

建　議

（1）遊戲過程中，教師應引導學生利用該遊戲容易形成 1 打 1 的進攻局面，要求學生在本方半場搶下球後要快速向本組的「進攻隊員」傳球，以此創造出更多的射門機會。

（2）待學生熟悉遊戲規則後，為增加遊戲的難度，教師可適當增加各組的學生人數，如將各組「自由人」的人數由 1 人增加為 2 人。

遊戲點評

身體素質、技能目標						認知、情感、態度目標				
力量	耐力	柔韌性	敏捷性	平衡性	靈巧性	技術動作	愉快感	責任感	團結協作	自信心	努力程度
4	5	3	4	4	4	4	4	4	5	4	4

（南尚傑）

遊戲 17 　縱向跑動對抗賽

遊戲目標

（1）身體素質、技能目標：培養 1 對 1 的比賽能力；提高傳球配合和跑動接應的能力。

（2）認知、情感、態度目標：體驗足球比賽的樂趣；幫助學生建立位置意識；提高運球突破的意識；培養遵守規則的習慣和競爭意識。

遊戲準備

（1）在場地上用若干標誌碟規劃 1 個邊長為 15 米和 20 米的長方形場地，然後再用若干標誌碟規劃出 2 條與較長邊線平行的直線將場地平均劃分為 3 個區域，並設定中間的區域為「中路活動區」，兩側的區域為「邊路活動區」。

（2）在兩側較短邊線的正中間位置各擺放 1 個球門。

（3）足球 1 個。

（4）教師講解遊戲規則並做示範，激發學生參與遊戲的慾望和積極性。

遊戲方法

（1）將 6 名學生平均分成 2 組，先要求各組分別指定本組的 1 名學生為「中路隊員」，另外 2 名學生為「邊路隊員」，然後再要求各組的「中路隊員」站在「中路活動區」內，而「邊路隊員」則分別站在兩側的「邊路活動區」內。

（2）教師將球拋入場地內並鳴哨示意遊戲開始後，場地內的 2 組學生開始搶球進行 3 對 3 的小場地足球對抗賽。

（3）遊戲過程中，各組「中路隊員」的活動範圍限定為「中路活動區」內，而另外 2 名「邊路隊員」的活動範圍則分別限定為各自所在的「邊路活動區」內。

（4）待遊戲進行 10 分鐘後，教師再次鳴哨示意遊戲結束。

（5）最後，依據各組的進球數量及學生的個人表現，教師對表現優異的組別和學生給予一定的鼓勵。

遊戲規則

（1）遊戲過程中，不得有意用手觸球且不得採用有可能傷害到他人的危險動作，否則教師要予以制止並給予警告。

（2）「中路隊員」不得離開「中路活動區」，而「邊路隊員」則不得離開各自所在的「邊路活動區」，否則教師要予以制止並給予警告。

（3）球出界後，由最後觸球者的對方將球擺放在出界處的邊線上並以踢球入場的方式恢復遊戲。

建議

（1）遊戲過程中，教師應引導學生在無球的情況下要積極跑動接應，以此幫助學生提高傳球配合的成功率。

（2）遊戲過程中，教師應鼓勵學生多利用 1 對 1 的局面進行運球突破，以此培養學生運球突破的能力。

遊戲點評

身體素質、技能目標							認知、情感、態度目標				
力量	耐力	柔韌性	敏捷性	平衡性	靈巧性	技術動作	愉快感	責任感	團結協作	自信心	努力程度
4	4	3	4	3	4	5	4	4	4	4	4

（南尚傑）

遊戲 18　4 球門對抗賽

遊戲目標

（1）身體素質、技能目標：培養比賽能力；提高耐力。

（2）認知、情感、態度目標：體驗足球比賽的樂趣；提高進攻和防守意識；加深對足球比賽規則的理解；培養團隊合作意識及努力拚搏精神。

遊戲準備

（1）在場地上用若干標誌碟規劃出 1 個邊長為 15 米的正方形場地，然後在 4 條邊線的正中間位置各擺放 1 個小球門。

（2）足球 1 個。

（3）教師講解遊戲規則並做示範，激發學生參與遊戲的慾望和積極性。

遊戲方法

（1）將 14 名學生平均分成 2 組，然後安排 2 組學生進入場地並為各組指定所要保護的 2 個球門。

（2）教師將球拋入場內並鳴哨示意遊戲開始後，場地內的 2 組學生開始進行 7 對 7 的足球對抗賽，雙方要透過積極拼搶和配合力爭多次將球攻入對方的 2 個球門。

（3）遊戲過程中，雙方不得設定守門員，所有學生可在本方球門前進行防守但不得有意用手觸球。

（4）待遊戲進行 1 0 分鐘後，教師再次鳴哨示意遊戲結束。

（5）最後，依據各組的進球數量和學生的個人表現，教師對表現優異的組別和學生給予一定的鼓勵。

遊戲規則

（1）遊戲過程中，不得有意用手觸球且不得採用有可能傷害到他人的危險動作，否則教師要予以制止並給予警告。

（2）一方進球後，另外一方要以在場地中間位置以開球的方式恢復遊戲。

（3）球出界後，由最後觸球者的對方將球擺放在出界處的邊線上並以踢球入場的方式恢復遊戲。

建議

（1）遊戲過程中，教師應引導學生充分利用 4 個球門均可射門的遊戲規則多射門、多做轉移配合，以此幫助學生更好地參與到遊戲中。

（2）若男女生混合參加該遊戲，教師可在核算進球數量時將女生的進球數量予以翻倍，以此調動女生參加遊戲的積極性。

遊戲點評

身體素質、技能目標							認知、情感、態度目標				
力量	耐力	柔韌性	敏捷性	平衡性	靈巧性	技術動作	愉快感	責任感	團結協作	自信心	努力程度
5	5	3	4	3	4	4	4	4	4	4	5

（謝曉端）

遊戲 19　兩球對抗賽

遊戲目標

（1）身體素質、技能目標：培養比賽能力；提高耐力。

（2）認知、情感、態度目標：體驗參與足球比賽的樂趣；增強搶球意識；加深對足球比賽規則的瞭解；培養觀察力和頑強拚搏的意識。

遊戲準備

（1）在場地上用若干標誌碟規劃出 1 個邊長為 15 米和 20 米的長方形場地，然後在長度較短的 2 條邊線的正中間位置各擺放 1 個球門。

（2）在場地正中間位置並排擺放 2 個足球。

（3）教師講解遊戲規則並做示範，激發學生參與遊戲的慾望和積極性。

遊戲方法

（1）將 14 名學生平均分成 2 組，然後安排 2 組學生面對面分別站在場地兩側的球門前。

（2）教師鳴哨示意遊戲開始後，2 組學生開始爭搶擺放在場地內的 2 個足球進行 7 對 7 的小場地足球對抗賽。

（3）與常規的小場地足球對抗賽相比，該遊戲有幾

個特別要求：一是比賽使用 2 個足球；二是各組不設定守門員，所有學生可以站在本方球門前進行防守，但不得有意用手觸球；三是球出場地後，將球撿回者擁有該球的控制權，雙方不得在場地外側爭搶足球；四是球進球門後，失球方以踢球門球的方式恢復遊戲。

（4）待遊戲進行 10 分鐘後，教師再次鳴哨示意遊戲結束。

（5）最後，依據各組的進球數量及學生的個人表現，教師對表現優異的組別和學生給予一定的鼓勵。

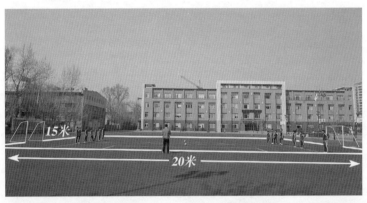

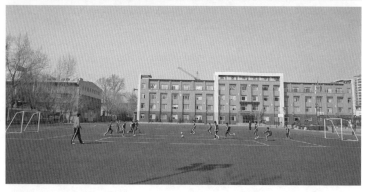

遊戲規則

（1）遊戲過程中，不得有意用手觸球且不得採用有可能傷害到他人的危險動作，否則教師要予以制止並給予警告。

（2）一方將出界球撿回至場地內之前，對方不得爭搶該球，否則教師要予以制止並給予警告。

建議

（1）遊戲過程中，若出現難以進球的情況，教師可

在球門前設定球門區，並要求學生在防守時不得進入本方球門內，以此降低進球難度。

（2）待學生熟悉遊戲規則後，教師可安排各組設定守門員或要求學生只能用左腳觸球，以此增加遊戲的難度。

（3）若男女生混合參加該遊戲，教師可在核算進球數量時將女生的進球數量予以翻倍，以此調動女生參加遊戲的積極性。

遊戲點評

身體素質、技能目標							認知、情感、態度目標				
力量	耐力	柔韌性	敏捷性	平衡性	靈巧性	技術動作	愉快感	責任感	團結協作	自信心	努力程度
4	5	3	4	3	4	5	4	5	5	4	4

（謝曉端）

遊戲 20　車輪戰

遊戲目標

（1）身體素質、技能目標：培養護球、控球及搶球能力；提高耐力和身體對抗能力。

（2）認知、情感、態度目標：體驗足球對抗賽的樂趣；提高拼搶意識；幫助學生建立用身體保護球的習慣；培養榮譽感。

遊戲準備

（1）在場地上用若干標誌碟規劃出 1 個邊長為 10 米的正方形，然後再透過擺放若干標誌碟將這個正方形劃分為 4 個邊長為 5 米的小正方形，並指定這 4 個小正方形為比賽場地。

（2）在 4 塊比賽場地的邊線上，分別用 4 個圓錐形標誌桶設置成 2 個寬度為 2 米的球門。

（3）在 4 塊比賽場地內分別擺放 1 個足球。

（4）教師講解遊戲規則並做示範，激發學生參與遊戲的慾望和積極性。

遊戲方法

（1）安排 8 名學生進入 4 塊比賽場地內，要求每塊場地內的人數為 2 人。

（2）教師鳴哨示意遊戲開始後，4 塊場地內的學生首先分別以「猜丁殼」（剪刀、石頭、布的猜拳遊戲）的方式決定由誰先開球及各自所要保護的球門，然後在各自的場地內分別進行 1 對 1 足球對抗賽。

（3）該遊戲的規則與常規的 1 對 1 對抗賽類似，不同之處主要在於控球學生只有將球運至對方球門之間的邊線上並用腳底踩住才算得分。

（4）遊戲進行 1 分鐘後，教師鳴哨示意第 1 輪比賽結束，各場地獲勝的學生按逆時針方向進入下一塊比賽場地，而輸掉比賽的學生要留在原比賽場地內，若有未決出

勝負的情況則以「猜丁殼」的方式決定勝負，此後按照上述要求各場地學生繼續進行比賽，直至有學生獲得了本次遊戲的冠軍——以最快速度取得了 4 場比賽的勝利。

（5）待冠軍產生後，教師再次鳴哨示意遊戲全部結束。

（6）最後，依據各學生的獲勝次數，教師對表現優異的學生給予一定的鼓勵。

遊戲規則

（1）遊戲過程中，不得有意用手觸球且不得採用有可能傷害到他人的危險動作，否則教師要予以制止並給予警告。

（2）比賽的開球，由擁有開球權學生在比賽場地正中間位置以控球的方式進行。

（3）只有用腳底將球踩在對方球門之間的邊線上才算得分。

（4）得分後，由失分學生在比賽場地正中間位置以控球的方式恢復比賽。

（5）球出界後，由將球觸碰出界的對方在比賽場地正中間位置以控球的方式恢復比賽。

建　議

（1）遊戲開始前，教師應組織學生進行護球、控球及搶球的練習，以此保障學生能較好地參與到遊戲中。

（2）遊戲過程中，教師應時常提醒學生注意防守時

的搶球動作，以此避免安全事故的發生。

（3）待學生熟悉遊戲規則後，教師可將比賽場地增加為 6～8 個，以此增加遊戲的運動強度和參與遊戲的學生人數。

遊戲點評

身體素質、技能目標							認知、情感、態度目標				
力量	耐力	柔韌性	敏捷性	平衡性	靈巧性	技術動作	愉快感	責任感	團結協作	自信心	努力程度
5	5	3	4	4	4	5	3	4	3	4	5

（南尚傑）

國家圖書館出版品預行編目資料

小學生校園足球遊戲／南尚傑、徐兵、王英梅主編，
－初版－臺北市，大展出版社有限公司，2021 [民 110.08]
　　面；21公分－（運動遊戲；14）
ISBN　978-986-346-337-5（平裝；附影音數位光碟）
1.體育教學　2.小學教學　3.足球
523.37　　　　　　　　　　　　　　　110009336

小學生校園足球遊戲 附光碟

主 編 者／南 尚 傑、徐 兵、王 英 梅
責任編輯／新 茗 硯
發 行 人／蔡 森 明
出 版 者／大展出版社有限公司
社　　址／臺北市北投區（石牌）致遠一路 2 段 12 巷 1 號
電　　話／（02）28236031，28236033，28233123
傳　　真／（02）28272069
郵政劃撥／01669551
網　　址／www.dah-jaan.com.tw
E - m a i l／service@dah-jaan.com.tw
登 記 證／局版臺業字第 2171 號
承 印 者／傳興印刷有限公司
裝　　訂／佳昇興業有限公司
排 版 者／菩薩蠻數位文化有限公司
授 權 者／人民體育出版社
初版 1 刷／2021 年（民 110）8 月

定價／350元